人事労務担当者必携

# 新版 労働基準法 実務問答 第2集

～ 労働時間と在宅勤務(テレワーク) Q & A ～

労働調査会出版局 編

# 序

　我が国の労働時間制度は、昭和22年４月の労働基準法の制定による１日８時間・週48時間制をスタートとしています。それから40年を経過して、昭和62年の大改正により、労働時間短縮の目標として週40時間制の方向が打ち出され、合わせて、変形労働時間制の拡充やフレックスタイム制の導入等が図られました。これを皮切りに長時間労働の是正を目指し、平成９年には全面的な週40時間制の適用が実施され、さらにその後、女性保護規定の廃止、月60時間を超える時間外労働の割増賃金の引上げ、時間単位年休制の創設等を経て、先般の働き方改革関連法の成立で法律による時間外労働の上限規制が導入される等新たな段階を迎えています。

　本書は、弊社発行の定期誌『労働基準広報』『先見労務管理』の労務相談室に企業の労務担当者などから寄せられた相談の中から、これらの労働時間や休憩・休日に関する事例を中心として精選し、さらに昨今の新型コロナウイルス禍により普及が一気に加速したテレワークについても取り上げ、日常的に発生する様々な問題を問答形式で、法律上の要件から実務上の処理までを分かりやすく解説したものです。

　本書が関係者各位に広く活用され、職場の労務管理実務に資することを願ってやみません。


令和３年５月

編者

# 新版 労働基準法実務問答 第2集
## ●目次●

### 第1章 労働時間

## 第2章　在宅勤務（テレワーク）

## 第3章　休憩・休日

# 第1章

# 労働時間

## 終業時刻後の待機時間は労働時間か

**Q1** 職員40人の農業協同組合ですが、当農協の業務には保険勧誘などの業務が含まれています。土地がら、勧誘業務は所定労働時間外に行われることもしばしばあります。

先日も、職員Aが顧客から午後8時に来るよう指定され勧誘に向かったのですが、午後5時の所定業務終業時刻後は近くの喫茶店で時間まで待機していたようです。この待機時間についても、労働基準法上の労働時間とみなければならないのでしょうか。

## A 自由に利用できれば労働時間とはいえない

実際に作業を行っている時間が、労働時間であることはいうまでもありませんが、このほかに実際に作業を行っていなくても労働時間とみなされる場合があります。いわゆる手待時間といわれているものがこれですが、この手待時間中は実際に作業を行っているわけではありません。

しかし、手待時間の場合、実際に作業をしないで身体を休めている時間に違いはないのですが、休憩時間と異なるのは仕事があればいつでも仕事にとりかからなければならない時間であることです。つまり、手待時間の場合その時間中勝手に使用者

手待時間と休憩時間の違いは使用者の指揮命令下に
あるか否かである

　の指揮命令下を離れて自由に行動することができないという点
で、休憩時間とは異なり、労働時間とされるわけです。要するに、
手待時間であるか休憩時間もしくは私的時間であるかは、使用
者の指揮命令の下にある時間かどうかで判断されることになり
ます。
　そこで、ご質問のAさんの場合を考えてみますと、Aさんは
所定業務終了時刻の午後5時過ぎから、保険勧誘業務の約束の
ある午後8時まで近くの喫茶店で待機していたとのことです。
待機していたということから、一見手待時間と思われたのでしょ
うが、これまでご説明しましたように、この喫茶店にいる時間
についてまで使用者の指揮命令下にある時間と考えることはで
きません。午後8時までは、どのようにすごそうと労働者の自

由なのですから、その間もなお使用者に拘束はされていても、手待時間とみることはできません。したがって、この時間中にあっても賃金を支払うという特約でもない限り、この待機時間を労働契約上労働の対価として賃金を支払うべき労働時間として取り扱う必要はないということになります。

## 研修合宿中の体操なども労働時間か

**Q₂** 当社では、新入社員の入社に際して、年度初めに４日間の研修合宿を行っています。

合宿のスケジュールは、通常の勤務時間である午前８時30分から午後５時30分までを研修時間とするほか、起床後７時から30分間の体操、研修後８時から１時間のミーティングなどを盛り込んでいます。ところで、この合宿中の体操やミーティングの時間は労働時間に含まれるものでしょうか。なお、当社ではこの場合時間外手当は支給していませんが、これでもよいものかどうかも併せてお教えください。

## A 使用者の指揮命令で行われるものならば 労働時間となる

労働基準法にいう労働時間とは、一般的に使用者の指揮命令の下にあるかどうかで判断されるものです。通達では、「休憩時間とは単に作業に従事しない手待時間を含まず労働者が権利として労働から離れることを保障されている時間の意であつて、その他の拘束時間は労働時間として取扱うこと」（昭22・9・13 発基第17号）との解釈が示されています。

すなわち、労働時間か否かは労働者にその時間について自由利用が保障されているか否かで判断されるわけです。しかも、

　これは実態から判断されるべきもので、指揮命令が明示的または黙示的であるか否かは問題になりません。

　以上の点から判断しますと、貴社の合宿における体操やミーティングは研修合宿のカリキュラムに当然入っているものと推測され、参加、不参加が本人の任意とされているものとはご質問からはうかがわれません。仮にそうだとすると、これらの時間も使用者の指揮命令下にある労働時間とみなさざるを得ず、8時間を超える部分については、労働基準法第36条に基づく時間外労働についての労使協定の締結と届出、割増賃金の支払いも必要となってきます。つまり、貴社の場合の取扱いは少なくとも労働基準法第37条違反を構成することになります。

## 始業前に駅前の清掃を実施、これは労働時間か

**Q3** 当社では、地域社会への奉仕を目的に、最寄り駅周辺の清掃を毎週月曜日の朝に行うことにしました。清掃時間は、始業前の午前8時30分から9時までの30分間としています。また、清掃は、8人ずつぐらいのグループを作り、交替で行うこととします。

そこで、おたずねしたいのですが、このようなボランティア活動の時間についても、労働時間としてカウントしなければならないのでしょうか。

## A 使用者の指揮命令があれば労働時間

労働時間は、一般に、労働契約を結んだ労働者が自己の労働力を使用者に提供し、その対価として賃金を得る時間、つまり、労働力を提供する時間といえます。そのため、労働者が労働に従事する場合、通常は使用者の指揮命令の下で労働するものですから、労働するために、使用者の指揮命令の下におかれている時間は、現実に労働することがなくても労働時間であると考えられます。

なお、使用者の指揮命令下にあるか否かは、明示的なものである必要はなく、現実に作業に従事している時間のほかに、作業前に行う準備や作業後の後始末、清掃などが使用者の明示ま

たは黙示の指揮命令で行われている場合も労働時間とされます。

　ところで、ご質問では、地域社会への奉仕活動として行う予定にしている清掃活動の時間が労働時間になるのかどうかということです。

　このように本来の業務とは関係なく、職務遂行上必要な作業でもない作業に要した時間は、一般的には、労働時間ではないと考えられがちですが、このような場合であっても、使用者の指揮命令に基づいて行われているものであれば、労働時間となります。

　そこで、ご質問のケースについて詳しくみてみますと、奉仕活動として行う清掃は、使用者の方でいくつかのグループに分けて、そのグループごとに交替で行う予定にしているということです。

　このことからしますと、貴社の場合、その奉仕活動への参加が強制されている可能性が考えられます。

　そのような場合、ご質問のケースでは、労働時間としてカウントしなければなりませんが、このような地域社会への奉仕活動が、労働者個人のボランティア活動として、自発的に行われているもので、なおかつ、参加も自由とされているような場合には、使用者の指揮命令に基づく労働とは考えられませんから、その活動に要する時間は労働時間とはみなされません。

## 会社の車両使用の出張、運転時間は労働時間か

**Q4** 　出張における往復時間の取扱いについておたずねいたします。当社の出張は泊まりになることがほとんどですが、出張の際の交通手段については本人の選択にほとんど任せています。したがって、社有車、電車、飛行機など、それぞれ距離や仕事内容に応じて乗物を選んでいるようです。

　ところで、これらいずれの乗物についても往復時間については労働時間とはしていないのですが、先日社有車を利用して出張した従業員Cから、「自動車を運転していくのは、電車や飛行機などと比べて神経が疲れるのに、労働時間とならないのはおかしいのではないか」という苦情が出されました。

　それぞれ好きに選んで利用しているのですから、Cの苦情もおかしいとは思うのですが労働基準法上どうなのか、ご教示いただけないでしょうか。

........................................................................

## A　会社の指示なければ労働時間ではない

　出張の際の往復の旅行時間や、一つの出張先から他の出張先へ移動するための旅行時間の取扱いについては、これを使用者の拘束の下にある時間とみて労働時間であるとする説と、通勤

通勤時間と同じく労働時間として取り扱わなくとも
法違反とはならない

時間と同性質とみて労働時間でないとする説があり、異論があ
るところといえましょう。

　しかし、行政解釈が「出張中の休日はその日に旅行する等の
場合であっても、旅行中における物品の監視等別段の指示があ
る場合の外は休日労働として取扱わなくても差支えない」（昭
23・3・17 基発第461号、昭33・2・13 基発第90号）として
いるとおり、厚生労働省の見解としては通勤時間と同様にとら
え、労働時間として取り扱わなくても労働基準法違反としては
取り扱わないとする態度です。

　したがって、ご質問の場合のように出張の往復に際して別段
の指示もなく、利用する乗物も従業員の任意の選択にまったく
委ねられているという事情を考えれば、たまたまもっとも神経

が疲れる車両運転で出張に赴くといっても、ご質問にもありますように本人の望んだ結果といわざるを得ないでしょう。

　なお、前述の行政解釈にある「物品の監視」とは、たとえば会社の機密書類を運ぶ場合とか現金を輸送するといった神経の著しい緊張を必要とする場合をいい、この場合は単に目的地への行き帰りといった出張の往復というよりも、ほとんど業務であるとみるほうが妥当といえるため、労働時間とみなされているものです。

## 他社で６時間働いた者は
## 当社で何時間働かせられるか

**Q5**　　当社ではこのほど、夕方の２時間だけ勤務する
パートタイム労働者を採用することになりました。
ところが、この者は昼間は別の会社で、やはりパートタイ
ム労働者として６時間勤務しているということです。そう
すると、当社で残業した場合は、その超えた時間分は労働
時間が１日８時間を超えてしまうことになるので、割増賃
金を支払わなければならないのでしょうか。また、この者
が、別の会社で８時間勤務することになった場合は、当社
で働いた時間分はすべて割増賃金を支払わなければならな
いのでしょうか。

## A　通算して８時間を超えたら割増賃金が必要に

　パートタイム労働者に限らず、労働者が複数の会社、あるい
は複数の事業場で働いているようなケースでは、労働時間を別々
にとらえるのか、あるいは通算してとらえるのかという問題が
あります。

　これについて労働基準法第38条第１項では「労働時間は、事
業場を異にする場合においても、労働時間に関する規定の適用
については通算する」と定めています。

　ここでいう「事業場を異にする場合」というのは、労働者が

１日のうち、たとえばＡ事業場で労働した後にＢ事業場で労働することをいいます。このことはまた、事業主を異にする事業場において労働する場合をも含まれる（昭23・5・14 基発第769号）と解されています。

　つまり、Ａ事業場とＢ事業場の２つの事業場で就労する労働者の場合は、両方の事業場で就労する時間を合わせて、１日の法定労働時間は８時間とされることになります。

　したがって、１日８時間を超える労働を行わせる場合には、労働基準法第36条で規定するいわゆる三六協定を締結することが必要になるほか、８時間を超える部分については、同法第37条で定める時間外労働の割増賃金の支払義務が生じることになります。

　さて、そこで問題となるのは、２つの事業場の事業主が異なる場合に時間外労働が行われたとき、どちらの事業主に割増賃金の支払義務が生じるのかという点です。

　これについては、通達で「法定時間外に使用した事業主は法第37条に基き、割増賃金を支払わなければならない」（昭23・10・14 基収第2117号）と示されています。

　したがって、ご質問のケースのように、パートタイム労働者が、他の事業場で昼間６時間勤務していることを承知したうえで、貴社がその人と労働契約を締結したということであれば、通算して８時間を超えて労働をさせた部分については、貴社が割増賃金を支払うことになると考えられます。

　また、ご質問後段にあるように、パートタイム労働者がすで

　に別の会社で8時間勤務した後に、引き続き貴社で勤務をするような場合についても、通達で「法第33条又は法第36条第1項の規定に基き、夫々時間外労働についての法定の手続をとれば可能である」（昭23・10・14 基収第2117号、昭63・3・14 基発第150号、平11・3・31 基発第168号、平31・4・1 基発0401第43号）とされています。

　したがって、その場合も貴社で勤務する時間の部分は、当然に割増賃金の支払いが必要であるということになります。

　なお、この場合、時間外労働についての労使協定を締結する場合には、所定労働時間は当初の事業場の時間数を記載することになります。

　また、労使協定を締結して時間外労働をさせる場合には、1カ月における時間外及び休日労働時間数が副業における時間数も含めて1カ月100時間を超えてはならず、2～6カ月を平均して時間外及び休日労働時間数が平均80時間を超えてはならないことに注意が必要です（労働基準法第36条第6項）。

## 通勤苦緩和の時差出勤との違いは

**Q6**　当社の始業時刻は午前９時、終業時刻は午後５時30分、休憩は12時から午後１時までの１時間となっています。

　ところで、朝の通勤ラッシュを避けるために、希望する人については始業・終業時刻を１時間ずつずらして午前８時〜午後４時30分、午前９時〜午後５時30分、午前10時〜午後６時30分の３種類としているのですが、本人の選択に任せていることから、こういう制度もフレックスタイム制の一態様とみなされるのでしょうか。

## A　時差出勤は通常出勤時間をずらして特定

　フレックスタイム制は、労働者が労働時間の始業、終業時刻を自由に決定できる制度です。たとえば、ある日は９時出勤、17時退社、翌日は11時出勤、18時退社というように、労働者自身が自分の生活と業務の繁閑を考慮して、たえず出退勤時刻の選択ができるというのが、制度を採用する要件であり、そのような要件を満たす場合には、労働者の選択により１日または１週間の法定労働時間を超えて労働させることができることとされているのです。

　ですから、フレックスタイム制は、おたずねのケースのよう

に、１日の所定労働時間は８時間以内の一定の時間として固定し、始業・終業の時刻をあらかじめいくつかのパターンに設定して就労させる時差出勤制とは、性質を異にします。

　すなわち、フレックスタイム制が労働時間の始点、終点を自由に選択できるのに対し、ご質問の時差出勤制は本人の選択に任せるとはいっても労働時間のパターンだけで、日や週の労働時間が固定されていることに変わりはないわけです。

　したがって、このような労働者の選択による時差出勤制については、フレックスタイム制の規定の適用はありません。

## 1日10時間を超える有害業務可能か

**Q7** 　私どもの会社は、労働基準法施行規則第18条に規定する有害業務を行っています。3組による交替で作業を行っていますが、たまに残業が入ってくるときがあります。

ところで、労働基準法では健康上有害な業務については、1日最長2時間とする時間外労働の制限を設けていますが、たとえば変形労働時間制をとっているような場合、2時間の解釈についてどう考えればよいのか迷っています。

つまり、変形労働時間制の下では、特定の週に労働時間が40時間を超え、特定の日に8時間を超えることになるわけですが、たとえば、番方交替日に1日16時間勤務となっている場合、この日でも1日2時間以内なら残業が可能と考えてよいのでしょうか。

それとも、労働基準法第32条の規定による法定労働時間プラス2時間と考え、1日について10時間を超えて勤務させることはできないと解釈すべきなのでしょうか。

## A　変形労働時間制の下でなら可能

ご質問の場合は、変形労働時間制として定められている時間以外に1日2時間の時間外労働が許されると考えるべきですの

変形労働制にあっては所定労働時間を超える2時間も
可能と解される

で、番方交替日の日の勤務が16時間となっているとすれば、その16時間の他に2時間の時間外労働が可能となるわけです。

　解釈例規でも、「法第36条但書の規定は坑内労働及び施行規則第18条に規定する業務に従事する者の時間延長を法第32条の規定による法定労働時間の労働時間より2時間とのみ制限するものであるか、又は法第32条の2第1項等の規定により特定の週において1日10時間1週60時間と定めた場合、その1日の時間より2時間の延長を認めるものであるか。後段の如く解することは労働者の健康保持上適当でないから法第32条の法定労働時間に限るものと考えるが如何」とする問いに対し、「法第36条但書の規定で労働時間の延長を2時間に制限したのは必ずしも法第32条の法定労働時間を超える部分についてのみでなく、

法第32条の2第1項の規定により就業規則で変形労働時間制を定める場合にはその特定の日の所定労働時間を超える部分についても適用されるものである」（昭22・11・21 基発第366号）と回答しています。

　ですから、ご質問のケースのように実際には1日16時間勤務とされている場合であっても、1日について時間外労働が許されている2時間をそのまま加えられればよいわけで、その日については合計18時間の勤務をさせることができるわけです。

## 専用の携帯持たせて自宅で待機、
## 日直の許可とれるか

**Q8**　当社の顧客サービス部門では、平日は10人、
休日は4人ほどの従業員が、午前9時から午後5
時まで交代制で勤務しています。

　顧客は会社や代理店が多いので、平日は1人当たり数十
本の電話を受けているのですが、休日は1人当たり数本し
か電話がかかってきません。

　そこで、休日は、数人の従業員に専用の携帯電話を持た
せて、自宅に待機してもらって、顧客サービスダイヤルに
電話がかかってきたら、その携帯電話に転送して、対応し
てもらうことを検討しています。

　当社が検討しているようなケースについては、日直勤務
の許可を受けることができるでしょうか。

**A**　**日直勤務の許可を受けることは難しいと思われる**
〔弁護士・小川和晃（レクスペラ法律事務所）〕

　労働基準法施行規則第23条では、同法第41条第3号を受け、
「宿直又は日直の勤務で断続的な業務」で行政官庁の許可を受
けたものについては、労働時間、休憩及び休日に関する規定が
適用されないことが定められています。行政官庁の許可にあたっ
ては、常態としてほとんど労働をする必要のない業務であって、
本来の業務は処理せず、定時的巡視、緊急の文書又は電話の収受、

非常事態に備えての待機等を目的とするものであることなどが必要とされているため、本来の業務を処理させるための勤務については、日直勤務の許可を受けることは難しいと思われます。

## 1　労働基準法施行規則第23条

　労働基準法第41条第3号は、「監視又は断続的労働に従事する者で、使用者が行政官庁の許可を受けたもの」について、労働基準法の第4章、第6章及び第6章の2において定める労働時間、休憩及び休日に関する規定を適用しないと定めています。

　そして、労働基準法施行規則第23条は、「断続的労働」の一態様として、「宿直又は日直の勤務で断続的な業務」を掲げており、本来の業務とは別に附随的に宿日直勤務をする者についても、労働基準監督署長の許可を受ければ、労働時間、休憩及び休日の規定が適用されないとされています。

　なお、深夜業に関する規定については、同条によっても適用が排除されないとされており、年少者・妊産婦の深夜業禁止に関する労働基準法第61条や第66条第3項、同法第37条の深夜労働の割増賃金を定める部分は、適用除外となりません。

　また、年次有給休暇に関する労働基準法第39条についても、適用は排除されないとされています。

## 2　宿日直勤務の許可条件

　労働基準法施行規則第23条が規定する宿日直勤務の許可については、労働者保護の観点から、厳格な判断のもとに行われるべきとされており、概ね以下のような基準に従って行うことが定められています（昭22・9・13 発基第17号、昭63・3・14

基発第150号)。

(1)　勤務の態様

①　常態として、ほとんど労働をする必要のない勤務のみを認めるものであり、定時的巡視、緊急の文書又は電話の収受、非常事態に備えての待機等を目的とするものに限って許可するものであること。

②　原則として、通常の労働の継続は許可しないこと。したがって始業又は終業時刻に密着した時間帯に、顧客からの電話の収受又は盗難・火災防止を行うものについては、許可しないものであること。

(2)　宿日直手当

宿日直勤務に対して、相当の手当が支給されること。

手当の最低額は、原則として、宿日直勤務に就くことが予定されている同種の労働者に対して支払われる賃金（割増賃金の基礎となる賃金）の1人1日平均額の3分の1を下らないものであること。

(3)　宿日直勤務の勤務回数

宿日直勤務の勤務回数は、原則として、宿直勤務については週1回、日直勤務については月1回を限度とすること。

(4)　その他

宿直勤務については、相当の睡眠設備の設置を条件とするものであること。

3　貴社のご質問について

貴社のご質問内容からしますと、休日の業務内容は、1人当

たり数本程度の電話対応をするのみであることが窺われます。

　そして、顧客からの電話対応という業務の内容からしますと、作業時間が長時間に及ぶことは少なく、短時間で作業が中断し、しばらくして再び電話がかかってきた場合には同様の作業が行われ、また中断するというように、繰り返し行われる断続的な業務であると思われます。

　しかし、前記2のとおり、宿日直勤務について、労働基準監督署長の許可を受けるためには、常態としてほとんど労働をする必要のない勤務であって、本来の業務は処理せずに、定時的巡視、緊急の文書又は電話の収受、非常事態に備えての待機等を目的とするものでなければならないとされています。

　貴社の顧客サービス部門の休日業務は、勤務の態様としては、平日に行われる業務と同じであり、休日であるため顧客からの電話件数が平日よりも少ないという事情が存在するにとどまります。

　結局のところ、貴社の顧客サービス部門の休日の業務は、本来の業務の処理を予定する勤務であり、上記の勤務態様に関する条件をみたしません。

　したがって、貴社が労働基準監督署長から日直勤務の許可を受けることは、難しいと思われます。

## 宿日直勤務者の人手が足りない、管理監督者も勤務可能か

**Q9**　当社では、所轄労働基準監督署の許可を得て、一部の従業員について宿日直勤務に従事してもらっています。ところが、宿日直勤務従事者を含めた人手不足を受けて、管理監督者である課長以上の者にも、宿日直勤務に従事してもらうことを検討しています。複数人の管理監督者に打診したところ、何人かは宿日直勤務に就くことに同意してくれました。

　労働基準法の労働時間等の規定が除外されている管理監督者について、同じく適用除外とされる断続的労働である宿日直勤務に就かせることはできるのでしょうか。

**A　管理監督者に該当しなくならないよう臨時的・制限的に運用を**
〔弁護士・山口毅（石嵜・山中総合法律事務所）〕

　労基法は、管理監督者が宿日直勤務に就くことを制限していません。しかし、宿日直勤務に就くことにより、当該労働者が労基法上の管理監督者に該当しなくならないよう臨時的・制限的に運用するべきです。

### 1　労基法第41条の趣旨

　労基法第41条は、その性質または態様が法定労働時間や週休制を適用するに適しない事業又は業務に従事する労働者につい

ては、労働基準法上の労働時間、休憩及び休日に関する規定を適用しないことを定めています（厚生労働省労働基準局編「平成22年版　労働基準法　上」621頁）。

　この適用除外は、法定の事業又は業務に該当する労働者に適用され、ご質問の管理監督者は労基法第41条2号に、監視又は断続的業務は同条3号に規定されています。

　同条2号が、管理監督者又は機密事務取扱者を適用除外とした理由は、これらの者が事業経営の管理的立場にある者又はこれらと一体をなす者であり、労働時間、休憩及び休日に関する規定の規制を超えて活動しなければならない企業経営上の必要から認められたとされています（前掲書622頁）。

　他方、同条3号が、監視又は断続的業務を適用除外とした理由は、通常の労働者と比較して労働密度が疎であり、労働時間、休憩、休日の規定を適用しなくても必ずしも労働者保護に欠けるところがないこととされています（前掲書630頁）。

2　労基法は管理監督者が宿日直勤務に従事することを制限しているか

　労基法が適用される労働者には、原則として、労働時間、休憩及び休日に関する規定が適用されます。労基法第41条は、上記のとおり、その例外として「労働時間、休憩及び休日に関する規定は、次の各号の一に該当する労働者については適用しない」と定めているに過ぎません。

　したがって、労基法第41条が定めているのは、労働時間、休憩及び休日に関する規定が適用されない労働者の要件について

です。

この労働時間等の適用がされない労働者の要件以外に、「労働時間等が適用されない労働者について、労働者が同条の複数の号に該当する場合、どちらの号が優先して適用されるのか」「一つの号に該当する場合、他の号に該当する事業又は業務に従事してはならないのか」について、同条は定めていません。

ご質問は、後者についてどう考えるのか、ということになりますが、条文に他の号の事業又は業務に従事してはならないと記載されていないこと、仮に、他の号の事業又は業務に従事することが禁止されているとなると、企業の経営上、著しい支障が生じてしまうことから、他の号に該当する事業又は業務に従事してはならないとの制限はされていないと考えるべきです。

例えば、同条1号では、農業、水産業に従事している労働者について適用除外が定められていますが、農業を営む会社で、1号が適用される労働者が、2号の管理監督者の業務に従事することができないと、農業を営む会社では、労働者ではない者しか2号の管理監督者の業務に従事できなくなってしまいます。

したがって、ご質問である「労働基準法の労働時間等の規定が除外されている管理監督者について、同じく適用除外とされる断続的労働である宿日直勤務に就かせることはできるのでしょうか。」については、就かせることができるということになります。

### 3　管理監督者の判断基準

もっとも、労基法第41条2号で定める管理監督者は、一般的

には、部長、工場長等労働条件の決定その他労務管理について経営者と一体的な立場にある者の意であり、名称にとらわれず、実態に即して判断すべきものであるとされています（昭和22年9月13日発基第17号、昭和63年3月14日基発第150号・婦発第47号）。

　そこで、宿日直勤務に従事することになる管理監督者が、労基法の定める管理監督者に該当するかが問題となります。

　労基法上の管理監督者に該当するかを判断する基準として、裁判例の多くは、①職務内容、権限及び責任の重要性、②勤務態様－労働時間の裁量・労働時間管理の有無、程度、③賃金等の待遇に留意して判断されているとみられています（白石哲編「労働関係訴訟の実務〔第2版〕」細川二朗「管理監督者、機密事務取扱者、監視・断続的労働従事者」154頁）。

　この点、上記①に関し、通常、宿日直勤務は企業の経営に関わる重要事項に関する業務であるとは言い難いこと、また②に関し、宿日直勤務は、宿直勤務の開始時刻・終了時刻が定まっており労働時間の自由裁量がないことから、宿日直勤務の頻度・回数が多くなればなるほど、当該労働者が労基法上の管理監督者に該当しなくなるおそれが高くなります。

　したがって、管理監督者が宿日直勤務に従事することは、できる限り臨時的・制限的運用とすることが望ましいといえます。

4　管理監督者に該当しなくなる場合の対応

　宿日直勤務に従事することにより、労働者が労基法上の管理監督者に該当しなくなった場合、当該労働者について監視又は

断続的労働に従事する者として適用除外の許可が必要となります。労働基準監督署の許可がない場合に、労基法41条3号の適用は認められないと解されているからです。

　したがって、当該労働者を監視又は断続的労働に従事する労働者とするときは、事前に労働基準監督署の許可を得る手続きをする必要があります。

## 介護事業所で勤務間インターバルを検討、宿日直の扱いどうなる

**Q10** 当社では、5つの介護事業所を運営しています。現在は、介護業界全般における人手不足の状況から、なかなか定足数を満たす職員を採用できていません。

そのため、魅力ある職場づくりを目指して、11時間を必ず確保する勤務間インターバルの制度を導入したいと検討しています。

そこでお聞きしたいのですが、宿日直の時間は、勤務間インターバルの時間に含んでよいでしょうか。もし、宿日直の時間をインターバルと算定できない場合は、宿日直を担当する約8割の職員に対しては、勤務間インターバル制度を適用することは不可能になると思います。

・・・・・・・・・・・・・・・・・・・・・・・・・・・・・・・・・・・・・・・・・・・・・・・

**A** 宿日直を勤務間インターバル制度の例外として取り扱う方が適切
〔弁護士・岡村光男（岡村法律事務所）〕

勤務間インターバル制度の内容をどのようなものにするかは、企業の裁量によって自由に判断することが可能です。宿日直の時間をインターバルに含めるという制度設計をしても法的には特に問題はありませんが、就業規則に「宿日直勤務の場合はこの限りではない」と定めるなどして、勤務間インターバル制度の「例外」として許容する形で整理した方が適切です。

「宿日直」は「勤務間インターバル」に含められる？

例外扱いが良いでしょう

介護事業所

勤務間インターバル制度は就業規則に「宿日直勤務の場合は
この限りではない」として「例外」としての取り扱いが良い

## 1　勤務間インターバルとは

　平成30年６月に成立した働き方改革関連法によって、労働時間等設定改善法が改正され、「健康及び福祉を確保するために必要な終業から始業までの時間の設定」、すなわち、勤務間インターバル制度を導入する努力義務が事業主に新たに課されました（同法２条１項。平成31年４月１日施行）。

　すなわち、同条同項では「事業主は、その雇用する労働者の労働時間の設定の改善を図るため…健康及び福祉を確保するために必要な終業から始業までの時間の設定…を講ずるように努めなければならない。」と定められています。

　これまでは労働時間の長さ自体について様々な法令上の規制を設けて過重労働対策が講じられてきましたが、勤務間インター

バル制度はこれまでとはまったく逆の観点から規制を設けることで、労働者の健康を確保しようとするものです。要するに、「働く時間」ではなく「働かない時間」に着目した新しい制度であるといえます。

　平成30年就労条件総合調査によれば、平成30年1月1日現在で勤務間インターバル制度について「導入している」と回答した企業の割合はわずか1.8％にとどまっていますが、今後、労働者の健康を確保するための方策の1つとして徐々に広がりを見せる可能性があると思われます。

2　具体的な制度の内容について

　上記のとおり、「勤務間インターバル」とは、終業から次の始業までの休息時間（勤務間インターバル）を一定時間確保する制度のことです。

　では、勤務間インターバル制度を設ける際、具体的にどのような内容にする必要があるのでしょうか。この点については、法律上はあくまでも「努力義務」にとどまるものであり、なおかつ、時間数や制度内容について具体的な規制が設けられているわけでもありませんので、そもそも導入するかどうか、そして、導入するとしてどのような制度にするかは、あくまでも各企業の裁量によって自由に判断することが可能とされています。

　実際に導入している企業の実例を見てみますと、インターバル時間については、例えば「一律11時間」というように一律の時間を設定している企業もあれば、「最低8時間、努力義務として10時間」というように2段階の設定をしている企業もあり

ます。

　また、適用対象となる労働者の範囲についても、全社員としている企業もあれば、非管理職に限定している企業もあるなど、企業の実情に応じて様々な制度設計がなされています。

　勤務間インターバル制度を新たに導入する際には、何よりも企業の実態を把握・分析の上、その実情に応じた制度を設計することが何よりも重要であるといえます。

3　宿日直とは

　労働基準法は、労働時間・休憩・休日に関して、様々な規制を設けていますが、同法では、これらの規制の適用除外者として3種類の労働者を定めており、そのうちの1つに監視・断続労働従事者があります（同法41条3号）。具体的には、監視労働又は断続的労働に従事する者で、使用者が行政官庁の許可を得たものについては、同法の労働時間、休憩、休日に関する規制が適用されません。

　宿日直は、この監視・断続的労働の一類型であり、「宿直」と「日直」を総称した用語です。「宿直」とは、夜間にわたり宿泊を要するものをいい、「日直」とは、その勤務時間帯が主に昼間（日中）であるものをいいます。

　宿日直勤務に従事する者について、行政官庁の許可を得た場合には、上述のとおり同法41条3号によって同法の労働時間等の規制の適用が除外されます。そのため、例えば1日8時間を超える労働をさせても違法とはならず、また、その時間について割増賃金の支払義務も生じません。

4　回答

　さて、ご質問の事例では、介護事業所において勤務間インターバル制度の導入を検討しているとのことですが、宿日直の時間の取扱いにお悩みとのことです。

　上記のとおり、そもそも勤務間インターバル制度の内容をどのようなものにするかは、あくまでも各企業の裁量によって自由に判断することが可能とされています。そのため、就業規則において、宿日直の時間を勤務間インターバルに含めるという取扱いをしたとしても、法的には特に問題はなく、そのような制度自体が違法または無効であると評価されることにはならないと考えられます。

　ただし、宿日直勤務もあくまで1つの労働であることには変わりはないことからすれば、これをインターバル（休息時間）と整理することに違和感を抱く労働者もいるかもしれません。そのため、宿日直勤務の時間を勤務間インターバルに含めるという取扱いにするよりは、就業規則に「宿日直勤務の場合はこの限りではない」と定めるなどして、勤務間インターバル制度の「例外」として許容する形で整理した方が、労働者の理解も得やすく、理論的にも整合性がとりやすいのではないかと思われます。

## 宿直中の診療業務は許されるか

**Q11** 　当病院は、ベッド数97の総合病院です。入院患者を多数抱えていますので、他の病院と同じように医師と看護師を数名ずつ交替で宿直にあたらせて、病室の巡回や検脈などを行わせています。ところが、先頃この時間帯について時間外労働だとして、労働組合から割増賃金を支給するよう要求されたのですが、宿直手当の支給だけでは違法なのですか。

・・・・・・・・・・・・・・・・・・・・・・・・・・・・・・・・・・・・・・・・・・・・・・・・・・・・・・・・・・・・・・・・・・・・・・・・・・・・・・

## A　軽度、短時間で要件に合えば許可される

　ご質問からだけでは、実際に医師や看護師がどの程度の業務を行っているのかがはっきりしませんが、ここでは具体的にどんな業務なら宿直となり得るのかという点について、お答えすることにします。

　一般に、宿直とは通常の昼間の業務が終了したあと、夜間泊り込んで巡回や電話の収受などを行うもので、所轄労働基準監督署長の許可を得て行うこととされています。通達では、「常態として、ほとんど労働をする必要のない勤務のみを認めるものであり、定時的巡視、緊急の文書、又は電話の収受、非常事態に備えての待機等を目的とするものに限って許可するものであること」（昭22・9・13 発基第17号、昭63・3・14 基発第

150号）とされておりますが、医師や看護師の業務は、他の一般的な宿直業務とはその業務態様が異なるところであり、このため、その取扱いを通達（令元・7・1　基発0701第8号）していて、勤務の実態が次の3つの条件をすべて満たしている場合に限って認めることとされています。

①　通常の勤務時間の拘束から完全に解放された後のものであること。すなわち通常の勤務時間終了後もなお、通常の勤務態様が継続している間は、通常の勤務時間の拘束から解放されたとはいえないから、その間の勤務については宿日直の許可の対象とはならないものであること

②　宿日直中に従事する業務は、一般の宿日直業務以外には、特殊の措置を必要としない軽度のまたは短時間の業務に限ること

③　上記①、②以外に一般の宿日直の許可の際の条件を満たしていること

　これらの要件を満たして宿日直の許可が与えられた場合において、「通常の勤務時間と同態様の業務に従事すること（医師が突発的な事故による応急患者の診療又は入院、患者の死亡、出産等に対応すること、又は看護師等が医師にあらかじめ指示された処置を行うこと等）が稀にあったときについては、一般的にみて、常態としてほとんど労働することがない勤務であり、かつ宿直の場合は、夜間に十分な睡眠がとり得るものである限り、宿日直の許可を取り消す必要はないこと」と示されています。

　ただし、通常の勤務時間と同態様の業務に従事する時間につ

いては、労働基準法「第33条又は第36条第１項による時間外労働の手続が必要であり、法第37条の割増賃金を支払わなければならない」と示されています。

　ご質問の場合、宿直にあたる医師、看護師の人数がはっきりしませんが、97というベッド数（もしくは入院患者数）に見合う人数であるかどうかが問題になってくるでしょう。少人数で宿直にあたるものであれば、巡回や検脈だけでも「軽度のまたは短時間の業務」とはいえなくなってしまいますから、時間外労働として割増賃金が必要となりますし、また許可を受けた当時よりも緊急患者などの発生率が高くなっていて、夜間の診療が「稀に」ではない状態になっているとしたなら、それはもう宿直勤務とはいえないとみるべきです。

## 所定時間超えた者だけみなし適用できるか

**Q12** 事業場外のみなし労働時間制をとる場合、つぎのような取扱いが可能かどうかおたずね致します。

当社は、外に出て、個人宅を訪問することによる物品の販売を主に行っています。始業は午前9時、終業は午後5時（休憩1時間）となっていますが、大半の販売員は営業を終えるのが午後7時ごろです。平均的にみて、月間のある程度の販売実績を上げるためには、7時ごろまではかかるようです。

これまでは、若干の販売手当を支払うことで処理してきたのですが、加えて、使用者の具体的な指揮監督などが及ばないことや、通常の方法による労働時間の算定が難しいことから、これからは販売員については労働基準法の事業場外のみなし労働時間制の規定により、販売業務を遂行するためには午後7時まで勤務（実労働時間は9時間）したものとして、取り扱う考えです。

ところで、この場合、所定終業時刻の午後5時までに業務を終えた販売員については、この事業場外のみなし労働時間制の適用はせず、対象を所定終業時刻の午後5時以降と限ることは可能でしょうか。

## A　その業務に就く者なら全員にみなし適用すべき

　おたずねのような適用の対象を限定する取扱いは、労働基準法第38条の2の趣旨に反し許されないと考えるべきです。

　同条は「労働者が労働時間の全部又は一部について事業場外で業務に従事した場合において、労働時間を算定し難いときは、所定労働時間労働したものとみなす。」と定めています。

　また、同項ただし書きは、「当該業務を遂行するためには通常所定労働時間を超えて労働することが必要となる場合においては……当該業務の遂行に通常必要とされる時間労働したものとみなす」としていますが、ここでいう「当該業務の遂行に通常必要とされる時間」とは、その業務の遂行に客観的に必要とされる時間のことです。

　もちろん、ご質問の販売業務を遂行する場合、各人の能力や適性、あるいは熱意といったメンタルなものまで含めての個人差や、その日の体調あるいは物理的な他の条件などによる差異など、実際に必要とされる時間に差が生ずるのは当然のことといえましょう。

　しかし、平均的にみれば貴社での販売業務を遂行するのにどれだけの時間が必要かというのは、ある程度は把握できるわけであり、貴社でもその時間を9時間とはじき出されたわけです。

　ということは、午後7時過ぎまでかかることもあれば、午後7時前に営業を終了することもあるということであり、各日、各販売員が販売業務の遂行に要する時間を平均的にみれば、午

後7時まで、すなわち9時間が通常必要とされる時間とされるわけです。

　したがって、貴社の販売業務に従事した場合には、9時間勤務したものとみなされることになるわけであり、同じ業務に従事している限り、たとえある日にたまたま所定終業時刻前に業務が終わったとしても9時間勤務としなければなりません。逆に、7時過ぎまでかかった場合でも、9時間勤務したものとして取り扱えばよいということになります。

## 事業場外労働で管理上注意すべき点は

**Q13**　当社は、薬品の製造・販売を営んでいます。販売関係職種の場合、会社外で業務を行うケースが多く、従来から事業場外労働のみなし制度を採用していますが、労務管理上注意しなければならない点はどんなところか、ご教示ください。

**A**　所定労働時間を超える必要時間でのみなしも

会社外で就労するケースが近年とみに増えています。

これまでの歴史的経緯を少し見てみますと、こうした事業場外で行われる労働で、使用者の指揮監督が及ばないものについては、昭和62年の労働基準法改正前は、「通常の労働時間労働したものとみなす」とされていました。

ところが、実際にその業務を遂行するためには、所定労働時間を超えて労働することが必要な場合も多いので、実態に即して労働時間の算定が行われるようにするため、昭和62年に規定の整備が行われたものです。

そこで、ご質問にあります、労務管理上、注意すべき点は、事業場外で労働する場合で、使用者の具体的な指揮監督が及ばず、労働時間が算定し難いときに、みなし労働時間制の規定が適用されるということです。逆に事業場外で労働する場合でも、

事業場外労働

営業先

近くの
コーヒーショップ

みなし労働
時間制の
規定を適用

「通常必要とされる時間」は労使協定で定めておくことが
望ましい

　使用者の指揮監督が及んでいて労働時間の算定が可能な場合に
は、この事業場外労働のみなし労働時間制の適用はありません
ので、注意が必要です。

　第二は、労働基準法第38条の２第１項ただし書きで「当該業
務を遂行するためには通常所定労働時間を超えて労働すること
が必要となる場合においては、当該業務に関しては、厚生労働
省令で定めるところにより、当該業務の遂行に通常必要とされ
る時間労働したものとみなす」こととされており、これは、事
業場外労働でも、その業務を行うのに所定労働時間労働しただ
けでは足りず、さらにたとえば通常２時間ほど必要だといった
場合、その２時間をプラスした時間働いたものとみなすという
ことです。

　この場合、その業務を遂行する時間についての「通常必要とされる時間」は「通常の状態でその業務を遂行するために客観的に必要とされる時間」とされています（昭63・1・1　基発第1号）。

　また、その時間は、あらかじめ労使間で実態を踏まえて協議したうえで決めておくことが望ましいと考えられますので、労働基準法第38条の2第2項により、書面による労使協定で何時間と決めれば、その協定で結んだ時間が当該業務の遂行に通常必要な時間とされます。

　第三に、前述したように、労使協定により事業場外労働のみなし労働時間を決めた場合で、「当該業務の遂行に通常必要とされる時間」を法定労働時間である1日8時間を超える時間で定めたときは、労働基準法第38条の2第3項によりこの協定を所轄の労働基準監督署長に届け出なければなりません。法定労働時間におさまったみなし労働時間のときには、労使協定を締結しても、労働基準監督署長に届け出る必要はありません。なお、この協定の内容を三六協定に付記して届け出ることも認められています。

　また、この労使協定には、有効期間の定めをしなければなりません（同法則第24条の2第2項）。

　つぎに、同法施行規則第24条の2第1項は、事業場外労働のみなし労働時間制の規定は「法第4章の労働時間の規定の適用に係る労働時間の算定について適用する」といっています。すなわち、「みなし労働時間制に関する規定は、法第4章の労働

時間に関する規定の範囲に係る労働時間の算定について適用されるものであり、第6章の年少者及び第6章の2の女性の労働時間に関する規定に係る労働時間の算定について適用されないものであること。

　また、みなし労働時間制に関する規定が適用される場合であっても、休憩、深夜業、休日に関する規定の適用は排除されないものであること」（昭63・1・1　基発第1号）とされています。

　ですから、事業場外労働のみなし労働時間制による場合であっても、休憩時間、深夜業及び休日に関する規定は原則通り適用されますので、注意しなければなりません。

## 労使委員会における高プロ対象者の範囲、決議内容は

**Q14** 　当社では、高度プロフェッショナル制度を導入することを検討しているのですが、労使委員会を設置後に対象業務など、決議を行わなければならない事項がありますが、対象労働者の範囲について、どのようなことを決議すれば良いのでしょうか。

　また、年収要件について1075万円としていますが、これよりも高い年収で設定しても良いのでしょうか。

**A** **法令上の要件を前提に実態を踏まえて範囲を明確に決議すべき**

〔弁護士・岡村光男（岡村法律事務所）〕

　高度プロフェッショナル制度では、労使委員会において対象業務や対象労働者等について定める必要があります。対象労働者は、職務が明確に定められており、かつ、年収が一定額以上であるという要件が設けられています。労使委員会の決議では、この要件を前提として、実態を踏まえて対象労働者の範囲を明確に定めなければなりません。

### 1　高度プロフェッショナル制度とは

　平成30年6月29日に成立した働き方改革関連法（平成30年法律第71号）によって、高度プロフェッショナル制度が創設されました。この「高度プロフェッショナル制度」とは、時間では

なく、成果で評価される働き方を希望する労働者のニーズに応え、その意欲や能力を十分に発揮できるようにするために、労働基準法における労働時間規制等の適用を除外する新たな選択肢として設けられた制度です（同法41条の2）。

　具体的には、事業場に設置した労使委員会において、対象業務、対象労働者などの事項を決議し、行政官庁に届け出た場合において、対象労働者から書面等による同意を得たときは、労働基準法における労働時間、休憩、休日及び深夜の割増賃金に関する規定は適用除外となります。

　これらの規定が適用除外になる結果、当該労働者に関しては、1日8時間、週40時間を超えて労働させてはならないという規制（同法32条）は適用されないことになります。また、原則として週1回休日を与えなければならないという規制（同法35条）も適用されません。そのため、時間外・休日・深夜労働に対する割増賃金（同法37条）も支払う必要はありません。さらに、労働時間が6時間を超える場合には45分、8時間を超える場合には1時間の休憩を与えなければならないという規制（同法34条）も適用されません。

　なお、労働時間等に関する規定の適用除外と言えば、管理監督者が有名ですが（同法41条）、管理監督者の場合、労働時間・休憩・休日の規定は適用除外とされていますが、深夜の割増賃金に関する規定は適用除外とされていません。そのため、管理監督者に対しては、深夜労働の割増手当は支払う必要があります。このように、高度プロフェッショナル制度と管理監督者は

労働時間の把握義務などで適用除外になる範囲が異なっていますので、混同しないようご注意ください。

## 2　決議事項

　高度プロフェッショナル制度は、労働基準法における労働時間等の重要な規制の適用を除外することとする制度ですので、弊害が生じることのないよう、法令において厳格な要件が設けられています。具体的には、事業場の労使委員会における5分の4以上の決議で以下の事項を定めなければならず、かつ、労働者本人の同意を得なければなりません。

① 　対象業務

　省令で定める業務のうち、労働者に就かせることとする業務（則第34条の2第32項では、金融商品の開発業務、金融商品のディーリング業務、アナリストの業務、コンサルタントの業務、研究開発業務の5業種が限定列挙されています）。

② 　対象労働者

　次のいずれにも該当する労働者であって、対象業務に就かせようとする者の範囲

ⅰ 　職務が書面で明確に定められていること

ⅱ 　年収（見込額）が労働者の平均年収の3倍を相当程度上回る水準として省令で定める額以上であること（則第34条の2第6項では1075万円とされています）

③ 　健康管理時間把握措置

　健康管理時間（原則として対象労働者が事業場内にいた時間と事業場外において労働した時間との合計時間）の把握措置を

講じること（第41条の２第１項第３号）

④　休日

　１年間を通じて104日以上、かつ、４週を通じて４日以上の休日を与えること（同第４号）

　以上のほか、⑤健康確保措置、⑥同意の撤回に関する手続、⑦苦情の処理に関する措置を講ずること、⑧同意をしなかった労働者に対する不利益取扱いをしないこと等を決議する必要があります（同第５号〜10号）。

３　ご質問に対する回答

　さて、上記のとおり、高度プロフェッショナル制度の対象労働者は、職務が書面で明確に定められており、かつ、年収が1075万円以上であることという要件が設けられています。労使委員会の決議では、この要件を前提として、当該企業の実態を踏まえて、対象とする労働者の範囲を明確に定めなければなりません。各企業の実態に応じて、どの範囲の労働者に当該制度を適用することとするのか、慎重に検討して決議することが求められるといえます。この点につき、指針では、「事業場の実態や対象業務の性質等に応じて当該範囲を定めることが適当である」「例えば、当該範囲を一定の職務経験年数や資格を有する労働者に限ることを決議で定めること…（略）…も可能である」とされており、対象労働者の範囲を経験年数や資格の有無等で限定するなど、様々な定め方が考えられるところです。

　また、年収要件については、省令で定められた額「以上」であればよいため、ご質問のように、1075万円よりも高い年収で

範囲を設定しても特に問題はありません。

## 研究開発ならどんな業務でも裁量労働か

**Q15** 労働基準法第38条の3では、専門業務における裁量労働に関するみなし労働の定めがありますが、そもそも裁量労働とはどんな概念なのか、わかりやすくご説明ください。

　また、具体的なものとして研究職などがあげられていますが、研究職種であればどんなものでもみなし労働として処理できるのですか。

## A　遂行方法を大幅に本人にゆだねる業務に限る

　専門業務型裁量労働制とは、その業務の性質上その遂行の方法を大幅に労働者の裁量にゆだねる必要があるため、業務遂行の手段及び時間配分の決定などに関し具体的な指示をしないこととなる業務を指します（労働基準法第38条の3第1項第1号）。

　具体的な例をあげますと、研究所の研究者が、非常に高度で専門的な業務に従事している場合、研究開発の状況を逐一管理者、使用者に報告することもできず、また実験、研究開発の段階によっては、始業、終業の区切りなどを無視して業務を遂行せざるを得ない状況も多いわけです。

　したがって、こうした業務の場合、使用者の具体的な指揮監督に服して業務を遂行するより、業務の遂行そのものをその研

究者の自由裁量にゆだねたほうがより効率的で成果が大きいわけです。

　施行通達の説明をかりれば「研究開発の業務その他の業務であって、当該業務の性質上その遂行の手段及び時間配分の決定等に関し具体的な指示をしないこととするものとして労使の協定で定める業務としていたが…その運用化の適正化を図る観点から、具体的な業務を省令で定めるものとし、…労使の協定で定めることとしたもの」（平6・1・4　基発第1号、平12・1・1　基発第1号）が裁量労働というわけです。

　ご質問では、裁量労働の対象業務につき誤解されているようで、職種を想定されているようですが、個々の業務がその対象ですのでご注意ください。つまり、企業内で研究職として位置づけられ、賃金体系などで研究職の賃金表が適用されていても、実験の手順やその具体的な遂行についていちいち管理者の指示命令を受けている人などは、その業務の内容からして裁量労働にはあたりません。

　労働基準法第38条の3第1項を受けた同法施行規則第24条の2の2では、裁量労働の具体的な業務として、

①　新商品または新技術の研究開発などの業務

②　情報処理システムの分析または設計の業務

③　記事の取材もしくは編集の業務

④　デザイナーの業務

⑤　プロデューサーまたはディレクターの業務

⑥　①から⑤までのほか、厚生労働大臣の指定する業務

をあげていますが、これらの業務であればすべて裁量労働になるわけではなく、その業務の遂行の手段及び時間配分の決定などに関し具体的な指示をせず、本人の裁量にいかにゆだねているかの点から対象業務を判断することとされています。

　実際には、いずれかの業務について過半数労働組合または労働者の過半数代表者と書面協定を結び、その業務の遂行に必要とされる時間を定めて所轄労働基準監督署長に届け出たときは、対象労働者は協定で定める時間労働したものとみなされることになります。

　なお、対象業務の⑥については、現在㋑コピーライターの業務㋺インテリアコーディネーター㋩ゲーム用ソフトウェアの創作業務㋥証券アナリストの業務㋭公認会計士の業務㋬弁護士の業務㋣建築士の業務㋠不動産鑑定士の業務㋷弁理士の業務、などの14業務が指定されています（平9・2・14労働省告示第7号）。

## 専門業務型裁量労働の場合、私用チェックできないか

**Q16** 　当社は、化学関係の製造業です。本社研究所の研究員を労使協定で専門業務型裁量労働従事者にしています。

　ところで、裁量労働従事者には時間配分などにつき具体的な指示をせず、本人の大幅な裁量にゆだねる必要があるから裁量労働とされているわけですが、しかし、裁量労働従事者だからといって会社に一度も顔を出さないというのでは困りますし、私的な用務による早退などはチェックしたいと思っています。裁量労働従事者の出退勤管理によい考えがあれば、教えてください。また、裁量労働従事者の社外就労の場合の取扱いは、どう考えるべきでしょうか。

## A　職場規律上、一定の制約はできる

　使用者のほうで具体的な指揮命令をしようにも、業務内容が高度で指揮命令になじまず、本人の裁量にゆだねたほうが成果があがる一定の業務のうち各企業でそれらに該当する業務を労使協定で専門業務型裁量労働として定めるわけですが、その一方、裁量労働従事者だからといって、あまりに野放図であっても困るという考えも当然あろうかと思います。

　すなわち、何日も自宅にこもり出社して来ない、あるいは夜

裁量労働従事者

「就業規則」で
労働ルール確立！

休日出勤、出張等については、就業規則の定めにより、
事前に届け出させる

間時間帯にしか出社しないというのでは、業務が遂行されてい
るかどうかも疑わしく、職場秩序あるいは施設管理上からも問
題となることもありましょう。したがって、始業・終業時刻や
事業場外での勤務をどうするかといったルールは確立しておく
必要があります。しかし、その場合でも、対象は裁量労働者で
すから、ポイントだけを押さえることとすべきです。たとえば、
始業・終業時刻は一応定めることは可能ですが、それを厳格に
適用することは性格上できないわけです。

　また、出張など事業場外で就労する必要があるときは、事前
にその旨を届け出させて欠勤などと区別することなども考えら
れます。就業規則には、たとえばつぎのように定められればよ
いでしょう。

第○条　裁量労働従事者の始業・終業時刻、休憩、休日は就業規則第○条の定めるところによる。

第○条　裁量労働従事者は、出勤したとき所定の出勤簿に押印しなければならない。

　　裁量労働従事者の欠勤、遅刻、早退、私用外出、休暇の手続きは就業規則第○条の定めるところによる。ただし、当該業務遂行上必要な労働時間の配分によるばらつきについては、この限りでない。

第○条　裁量労働従事者が休日労働、深夜業労働に従事する場合は、事前に所属長に届け出て許可を得なければならない。

第○条　裁量労働従事者が出張など会社外で勤務する場合は、前日までにその旨を所属長に届け出なければならない。

## 専門業務型裁量労働なら休憩、休日も自由でよいか

**Q17** 専門業務型裁量労働制についておたずね致します。当社はコンピュータ関連企業であり、システムエンジニア業務の担当者の労働時間管理には従来から頭を悩ませてきたのですが、専門業務型裁量労働制を採用することで、その悩みを解消できるのではないかと考えています。

そこで、この制度について教えて欲しいのですが、始業・終業時刻、休憩時間、深夜業、休日労働などに関する労働基準法の適用については、ある程度自由と考えてよいのですか。

## A 裁量労働制でも法34条、法35条の適用ある

専門業務型裁量労働制に該当する業務は、労働基準法第38条の３第１項第１号の「業務の性質上その遂行の方法を大幅に当該業務に従事する労働者の裁量にゆだねる必要があるため、当該業務の遂行の手段及び時間配分の決定等に関し使用者が具体的な指示をすることが困難なものとして厚生労働省令で定める業務」になります。

おたずねのシステムエンジニアの業務が、その業務の遂行の手段や時間配分の決定に関し本人の自由裁量に任され、管理者

　からの指示命令が行われないというものであれば、専門業務型
裁量労働の要件にあった業務といえますので、その業務を労使
協定で裁量労働と決めればよいことになります。

　労使協定では、業務の種類を特定し、その業務に従事する者
のみなし労働時間を定めることが必要です。ただ、このみなし
労働時間は「一般的に、時とともに変化することが考えられる
ものであり、一定の期間ごとに協定内容を見直すことが適当で
ある」（昭63・1・1　基発第1号）ことから、労使協定には有
効期間の定めをする必要があり、また、これを所轄労働基準監
督署長に届け出なければなりません（同法則第24条の2の2第
3項第1号）。

　以上が、専門業務型裁量労働制の基本的な骨格ですが、それ
以外の細かな点についてご質問に沿ってみてみましょう。

　まず、始業・終業についてですが、裁量労働が業務の性質上、
業務の遂行の手段及び時間配分の決定などに関して具体的な指
示をしないといっても、始業・終業の時刻を定めておくことは
一向に差し支えありません。しかし、それを厳格に履行させら
れるかというと、時間配分の決定などについて本人に大幅な裁
量権をゆだねているのが裁量労働であることからすると、難し
いところです。むしろ始業・終業時刻を履行させなければなら
ないような業務は、裁量労働からはずすのが現実的です。

　それから、休憩時間、深夜業、休日労働などの取扱いについ
てですが、専門業務型裁量労働制についても、事業場外労働の
みなし労働時間制と同じく休憩時間、深夜業、休日労働に関す

る労働基準法の規定の適用が排除されているわけではありませ
んので、注意が必要です。
　したがって、休憩時間を定めて必要な休憩がとれるようにし
なければなりませんし、深夜業もしくは休日労働に従事してい
れば、それぞれ労働基準法の定める割増賃金を支払わなければ
なりません。

---

## 業績上がらない専門裁量労働制の者、対象から除外したい

**Q18** 専門業務型裁量労働制についてお尋ねします。

当社では、研究開発部門を対象に専門業務型裁量労働制を導入しているのですが、対象となっている従業員の中には、業務成績が思うように上がらない者が3人（仮にA、B、Cとします）います。

そこで、A、B、Cについては、裁量労働制の対象から外そうと考えていますが、この場合、A、B、Cを裁量労働制の対象から外すことは可能なのでしょうか。また、対象から外した場合は、A、B、Cについては、労働時間管理を通常の労働者と同様に行うことになるのでしょうか。

........................................................

**A** 対象から除外することも可能と思われるが明確に区分を

〔弁護士・小川和晃（レクスペラ法律事務所）〕

専門業務型裁量労働制は、対象業務に従事する労働者全員に適用するのが通例です。もっとも、専門業務型裁量労働制のもとでも、業務の遂行の手段や時間配分の決定等について使用者から具体的な指示を受けることもあり、また、健康福祉の確保のために特定の労働者について制度の適用を中止しなければならないこともあること等からすると、対象業務に従事する労働者の一部の労働者のみを対象から除外することも可能であると

思われます。この場合、対象から除外した労働者については、通常の労働時間管理を行わなければなりません。

1　専門業務型裁量労働制とは

　専門業務型裁量労働制は、業務の性質上、業務遂行の手段や方法、時間配分等を大幅に労働者の裁量に委ねる必要がある業務について、労使協定により予め定めた時間を労働したものとみなす制度です（労働基準法第38条の３）。

　専門業務型裁量労働制の対象とすることができる業務には、①新商品又は新技術の研究開発等の業務、人文・自然科学の研究の業務、②情報処理システムの分析又は設計の業務、③新聞・出版の記事の取材・編集、放送番組制作のための取材・制作の業務、④衣服、室内装飾、工業製品、広告等の新たなデザインの考案の業務、⑤放送番組、映画等の制作のプロデューサー・ディレクターの業務――など、合計19の業務が指定されています。

　専門業務型裁量労働制を採用するには、事業場の労使協定において、上記対象業務に該当する業務を特定した上、業務の遂行の手段や時間配分の決定等について具体的な指示をしないこととする旨、当該業務に従事する労働者の労働時間の算定については労使協定の定めるところにより一定時間労働したものとみなす旨を定めることが必要です。

2　対象業務の労働者の一部のみを除外することは可能か

　専門業務型裁量労働制においては、対象業務を特定し、その業務に従事する労働者全員に適用するのが通例です。

　もっとも、専門業務型裁量労働制のもとでも、対象業務のみならず、対象業務以外の業務を兼務することもあります。

　また、対象業務のみに従事する労働者であっても、業務の遂行の手段や時間配分の決定等について実質的には裁量が存在せず、使用者から具体的な指示を受けることもあり得ます。

　このような場合には、専門業務型裁量労働制の要件を満たさず、当該労働者については同制度を適用することができません（「エーディーディー事件」（大阪高判　平24・7・27）においても、業務遂行の裁量性が乏しく、また、労働者が営業活動を行っていたことを理由として専門業務型裁量労働制の適用が否定されています）。

　したがって、実際の運用状況によっては、対象業務に従事する労働者の一部について専門業務型裁量労働制が適用できないことがあり得ます。

　加えて、専門業務型裁量労働制においては、労使協定によって労働者の健康・福祉を確保するための措置を講ずることが要求されており、たとえば、労働者の勤務状況や健康状態に応じて、健康診断の実施、休暇の付与、産業医による助言指導等が必要とされています。

　そして、労働者の健康状態等に鑑みて、裁量労働がふさわしくない場合には、当該労働者について裁量労働制の適用を中止しなければならない場合もあります。

　したがって、健康福祉確保の観点から、対象業務に従事する労働者の一部についてのみ適用を中止しなければならない場合

もあり得ます。

　さらには、専門業務型裁量労働制では、対象労働者個人の同意は要件とされておりませんが、同制度の趣旨が労働者の主体的な働き方を可能としてその能力発揮を促進しようとするものである以上、対象労働者本人の同意は、制度の円滑な実施のための実際上の要件であるとも解されています。

　したがって、対象業務に従事する労働者の一部が専門業務型裁量労働制を望まない場合には、一部の者のみが適用対象外となることもあり得ます。

　以上のとおり、対象業務に従事する労働者であっても、実際の運用状況によっては一部の者について制度を適用できないことがあり、また、対象労働者の健康上の理由から適用を中止しなければならなかったり、本人の意向により適用できなかったりすることもあります。

　したがって、対象業務に従事する労働者の一部の者のみを対象から除外することも可能であると思われます。

3　対象業務から除外した場合の労働時間の管理

　専門業務型裁量労働制の対象から除外する場合には、専門業務型裁量労働制の対象者の範囲を細かく定めて、同じ業務であっても、対象になる者とならない者を明確に区分し、対象にならない者については、労働時間などの管理を通常の労働者と同様に行う必要があります。

　例えば、Aさん、Bさん、Cさんが時間外労働をした場合には、割増賃金の支払いが必要になります。

## 専門業務型裁量労働に2時間の就業義務を 課したい、テレワークでも良いが

**Q19**　当社では、コンピューターのアプリケーションの開発・販売を行っています。このたび、当社では、研究開発部門で来年度からの専門業務型裁量労働制の導入を目指して、検討をはじめたところです。

　そこでお聞きしたいのですが、裁量労働制の場合、業務の時間配分などについては労働者に委ねることになりますが、当社としても、一定の勤怠管理は行いたいので、所定労働日には2時間の業務従事（時間帯は制限しません）を義務付けたいのですが、何らかの問題はあるのでしょうか。

　なお、SEの場合、就業場所が顧客や取引先になることも多いので、就業場所を当社内に限定せず、勤務していることが確認できる状態なら、モバイルワーク（テレワーク）でも良いと考えています。

### A 労働者の裁量に委ねるべき事柄であり 義務付けはできない

〔弁護士・岡村光男（岡村法律事務所）〕

　裁量労働制では、労働者に業務遂行について高度の自律性が保障されることが前提とされており、労働者は、どこで、何時間、どのように業務するかの自由を有しなければなりません。1日に何時間業務に従事するかは労働者の裁量にゆだねるべき事柄

裁量労働制は業務遂行についての高度の自律性が保障されており、何時間業務するか等の自由（自律性）を有しなければならない

であり、一定時間数の業務従事を義務付けることはできないと考えられます。

## 1 裁量労働制とは

　労働時間の算定は、実労働時間によって行うのが原則です。もっとも、労働基準法では、一定の要件の下でみなし労働時間制の適用が認められており、その1つが「裁量労働制」です。

　裁量労働制には「専門業務型」と「企画業務型」という2つの種類がありますが、いずれにも共通しているのは、実労働時間にかかわらず、一定の時間を労働したこととみなすという制度であるということです。すなわち、裁量労働制では、業務の性質上その遂行方法を大幅に労働者の裁量に委ねる必要があるため当該業務の遂行の手段および時間配分の決定等に関して使

用者が具体的な指示をすることが困難な業務に従事する者について、実際の労働時間数にかかわらず、労使協定で定める時間数を労働したものとみなすことができます。

2 時間配分の決定

　上記のとおり、裁量労働制は、業務の性質上その遂行方法を大幅に労働者の裁量に委ねる必要があるものについて適用されるものです。そのため、業務の遂行の手段や時間配分の決定等に関しては、使用者は労働者に対して具体的な指示をしないことが前提とされており、使用者はこれらに介入することはできません。

　これは、裁量労働制の根本にかかわる問題です。すなわち、実際に何時間労働したかにかかわらず、一定の時間労働したものとみなす結果、賃金面では労働者の不利益となるおそれがあります。そのため、このような制度が妥当性を持つためには、当該業務が高度に専門的または企画的なものであって、業務遂行について高度の自律性が保障されることなどが必要となります。裁量労働制は、創造的労働のための裁量性を本質とするものであり、裁量労働者は、どこで、何時間、どのように業務するかの自由（自律性）を有しなければならないとされているのです（菅野和夫「労働法」第12版546頁）。

3 始業・終業時刻の適用に関する問題

　ご質問について検討する前に、関連する問題を1つご紹介します。裁量労働制に関しては、そもそも始業・終業時刻が適用されるのか否かという問題が古くから議論されています。換言

すれば、裁量労働者は、いつ出勤して、いつ退勤してもよいのか、という問題です。これは、裁量労働制の趣旨をどのようにとらえるかによって結論が分かれる問題です。

　1つは、裁量労働制は、労働時間の長さにかかわりなく、あくまでも労働の質や成果によって報酬を定めることを可能とした制度であるとする見解です。この見解に立つと、裁量労働者については始業・終業時刻の規制を外すことも可能と解されます。

　もう1つは、裁量労働制は、実労働時間を算定することが難しい業務について、所定労働時間自体ではなく、時間外労働の適正な管理を行うことを主な目的とした制度であるとみる見解です。この見解に立つと、始業・終業時刻の規制は裁量労働者にも及ぶものとされ、裁量労働者に委ねられたのは、始業・終業時刻の間の休憩時間の取り方と、始業・終業時刻の枠外の時間外労働の仕方にとどまるものと解されます（「注釈労働基準法下巻」663頁、東京大学労働法研究会編）。

　このように、裁量労働制の趣旨に関する見解の相違によって議論のあるところではありますが、いずれの見解に立ったとしても、始業・終業時刻の規制を残したままで、休憩時間や時間外労働の配分を労働者にゆだねるという裁量労働の形態を否定するものではないと解されています。したがって、何時間かけてどのように業務するかについて労働者に裁量がある限りは、始業・終業時刻の規制を行うことは差し支えないと考えられます。

### 4　一定時間数の就労義務の可否

　ご質問の事例では、時間帯は限定せずに、1日2時間の業務
従事を義務付けることを検討しているとのことです。

　上記のとおり、裁量労働制においては、労働者に業務遂行に
ついて高度の自律性が保障されることが前提とされています。
裁量労働者は、どこで、何時間、どのように業務するかの自由
（自律性）を有しなければならないのです。

　始業・終業時刻の規制の可否については上述のとおり議論の
あるところですが、仮に始業・終業時刻という「枠」について
規制を設けた場合であっても、その「枠」の中においてどのよ
うに業務に従事するかについては労働者に裁量がなければなら
ないことについては既に述べたとおりです。

　このような裁量労働制の本質に照らせば、たとえ時間帯を制
限しなかったとしても、時間数を特定して業務従事を義務付け
るというのは、裁量労働制における労働者の自律性を必要以上
に制限するものであり、裁量労働制にはなじまないと考えられ
ます。このことは、たとえテレワークであったとしても同様で
す。したがって、裁量労働制では、このような義務を課すこと
はできないと考えられます。

## 毎朝会社に集合した後に建設現場へ、移動時間は労働時間か

**Q20** 集合してから社有車で現場に向かい、現場での作業を終えた後に会社に戻り、会社から各自帰宅する形になっていますが、労働時間の算定は、現場での作業時間のみとしています。ところが先日、同業の方から、当社の運用では、現場での作業時間だけでなく、会社から現場及び現場から会社までの往復時間も労働時間となる可能性があるとの指摘を受けました。当社の労働時間の取扱いは問題があるでしょうか。何か対応策がありましたらご教示下さい。なお、現場作業員の中には自動車免許を所持していない者も数名います。

**A** 立寄りを指示していれば移動時間も労働時間
〔弁護士・平井彩（石嵜・山中総合法律事務所）〕

　会社への立寄りを指示していたり、立寄りを余儀なくされたりしていた場合には、会社から建設現場までの移動時間についても労働時間であると判断される可能性があります。

### 1　現場への移動時間の労働時間性に関する考え方

　労働基準法32条の労働時間とは、労働者が使用者の指揮命令下に置かれている時間のことをいいます。所定労働時間内であれば、原則として、指揮命令下に置かれているといえますが、所定労働時間外の場合には、①業務遂行の義務付け、②場所的

拘束の有無、③行為自体の業務性、その他の事情を考慮して、指揮命令下に置かれているか否かを検討し、労働時間該当性を判断します。

　移動時間についても、所定労働時間外の移動時間であれば、当該時間が指揮命令下に置かれた時間といえるのかどうかが問題となります。

(1)　現場に直行する場合

　前提として、通勤時間については、労働者の労務提供債務の履行の準備行為であって、使用者の指揮命令下に入っていない労務提供以前の段階に過ぎないことから、労働時間には該当しません。

　この点、建設現場に直行する場合には、始業時の労務提供場所が建設現場ということになりますから、建設現場までの移動時間は、通勤時間と同視でき、労働時間には該当しません。終業後も同様です。

(2)　会社への立寄りが任意の場合

　次に、始業時の労働者の労務提供場所が建設現場とされていたものの、労働者が任意に会社に立ち寄ってから建設現場に移動したという場合には、始業終業時刻の拘束外の時間であるため、こちらも通勤時間と同視でき、労働時間性は否定されるでしょう。

　この点、裁判例では、労働者らが、勤務場所である工事現場に出勤する前に会社事務所に立ち寄り、その後、車両で工事現場に移動していたという事案において、・会社への立寄りを会

社が命じていないこと・車両運転手、集合時刻等も移動者の間で任意に定められていたこと等の事情を考慮して、会社事務所から工事現場への移動時間について、通勤としての性質を有するものとして、労働時間性を否定したものがあります（阿由葉工務店事件・東京地判　平14・11・15　労判836号148頁）。

(3)　会社への立寄りが義務付けられていた場合

　使用者が、会社への立寄りを指示していたり、労働者が会社への立寄りを余儀なくされていたという場合には、会社への立寄りを義務付けられていたことになりますから、移動時間についても使用者の指揮命令下に置かれていたとして、労働時間性が認められる可能性があります。

　もっとも、会社への立寄り後の移動時間が労働時間と判断されるのは、会社への立寄りが恒常的になされていた場合であると考えます。

　この点、裁判例では、始業時刻が午前8時で、現場での作業開始時刻も午前8時であったものの、従業員は、午前6時50分（もしくはそれ以前）には会社の事務所に来て、その後、事務所から現場まで移動していたという事案において、

・午前6時50分以降、事務所隣の倉庫から資材を車両に積み込んだり、入る現場や作業について親方の指示を待つ状態にあったこと
・当日どこの現場に入るかは当日決まり、原則として現場への直行はしていなかったこと等の事情を考慮して、少なくとも午前6時50分以降は、使用者の作業場の指揮命令下にあるか、

使用者の明示又は黙示の指示により業務に従事していたとして、始業時刻前である午前6時50分以降の時間を、移動時間も含めて労働時間に該当すると判断したものがあります（総設事件・東京地判 平20・2・22 労判966号51頁）。

2 本件ケースの検討

本件のケースでは、会社に集合した後、建設現場に移動しているとのことですが、会社への立寄りを指示されていたのか、それとも任意の立寄りであるのかは、明らかではありません。

もっとも、ご質問の内容からは、全員、事務所に集合してから建設現場に移動されているようですので、そのような前提に立てば、ご質問のケースでは、建設現場への直行直帰は認められておらず、会社への立寄りが指示されている、もしくは立寄りを余儀なくされていると判断されてしまう可能性が十分あるでしょう。

そこで、対応策としては、建設現場に出勤する前に、会社に立ち寄って、打合せや資材の積み込み等の業務を行う必要がないのであれば、建設現場への直行直帰を原則とし、現場までの移動時間を通勤時間とすることで、労働時間に該当しないようにすることが考えられます。

加えて、自動車免許や自動車を保有していないなど、建設現場までの移動手段がないという従業員に対しては、従前通り、会社に立寄ってもらい、会社の社有車で送迎することで、会社への立寄りを任意のものとするとともに、移動手段のない従業員の移動手段を確保するという方法が考えられます。

このような対応策を講じることにより、従業員に移動の不便を生じさせることなく、移動時間の労働時間該当性を改善することができると考えます。

## トラック運転者の改善基準告示、違反に対するペナルティは

**Q21** 「自動車運転者の労働時間等の改善のための基準」、いわゆる「改善基準」について、教えてください。

弊社は、トラック8台を保有する小規模のトラック運送業です。ドライバーは10人（正社員6人・契約社員4人）が在籍しています。

改善基準の大体の内容は知っていますが、最近の業務量増加と人手不足のため、ギリギリな経営状態であり、その全てを守ることは到底困難です。

「改善基準」に違反するとどのようなペナルティが課せられるのでしょうか。

実際には、7割位の業者が違反をしているという話も聞きます。改善基準を優先して、業績が悪化するのは避けたいと考えており、事業停止命令など厳しい措置がないならば、業務を優先させたいのですがいかがでしょうか。

......................................

**A** 貨物自動車運送事業法に違反すれば事業停止処分も

〔弁護士・新弘江（光樹法律会計事務所）〕

違反の場合、自動車使用停止処分、違反が著しい場合には業務停止処分もあり得ます。

1 自動車運転者の労働時間等改善基準

(1) 趣旨・目的

「自動車運転者の労働時間等の改善のための基準」（平成元年労働省告示7号）（以下「改善基準告示」）は、自動車運転者が長時間の過重労働となりやすく、交通事故を起こす恐れがあること、業種の特性により労働基準法の一般的な規制が難しいため「告示」で基準を定めたものです。貨物自動車運送事業の事業用自動車の運転者の勤務時間及び乗務時間に関する基準（平成13年国土交通省告示1365号）も同様です。

(2) トラックに関する概要

① 拘束時間

始業時刻から終業時刻までの時間(休憩時間を含む)をいいます。1か月の拘束時間は、原則293時間です。ただし、労使協定があるときは、1年のうち6か月までは、1年間についての拘束時間が3516時間を超えない範囲内において320時間まで延長可能です。1日の拘束時間は原則13時間以内です。最大拘束時間は1日16時間ですが、15時間超は1週2回以内とされています。

② 休息期間

勤務と次の勤務との間の自由な時間をいいます。休息期間は継続8時間以上とされ、運転者の住所地での休息期間がそれ以外の場所での休息期間よりも長くなるように努めることとされています。

③ 運転時間

運転時間は2日平均で1日9時間、2週間平均で1週間44時

間までとされています。

④　連続運転時間

連続運転時間は４時間以内とされています。運転の中断には、運転開始後４時間以内又は４時間経過直後に１回連続10分以上かつ合計30分以上の運転をしない時間が必要とされています。

⑤　休日労働

休日労働は２週間に１回以内、かつ１か月の拘束時間及び最大拘束時間の範囲内とされています。

⑥　労働時間の取扱い

労働時間は、拘束時間から休憩時間（仮眠時間を含む）を差し引いた時間とします。事業場以外の休憩時間は仮眠時間を除き３時間以内とされています。

⑦　休日の取扱い

休日は休息時間（原則８時間確保）に24時間を加算した32時間以上の連続した時間とし、30時間を下回ってはならないとされています。

⑧　その他

その他、分割休息期間・２人乗務の特例・隔日勤務の特例・フェリー乗船の場合等の特例、緊急輸送・危険物輸送等の適用除外があります。

２　関係機関の監督指導連携

違反が増加傾向のため関係機関が連携しています。

労働基準監督機関と地方運輸機関がそれぞれ監督等の結果を相互に通報し、改善基準告示違反の監督を強化しています。また、

労働基準監督機関と地方運輸機関が、自動車運転者の労働時間等の確保・改善を図るため、合同で監督監査を行っています。

## 3　改善基準告示違反のペナルティ

### ⑴　労基法上の行政処分

改善基準告示違反自体は是正勧告等の行政指導はありますが業務停止等のペナルティはありません。同時に、労基署に対する報告義務（労基法104条の2）違反、虚偽報告（労基法120条4～5号・罰則30万円以下の罰金）、労働時間（労基法32条、120条・罰則6月以上又は30万円以下の罰金）の違反の場合には罰則があり（労基法120条）、悪質な場合は送検事例となります。

### ⑵　貨物自動車運送事業法違反の行政処分

勧告、警告の他、自動車等の使用停止処分、事業の全部又は一部の停止処分と厳しい行政処分があります。乗務時間等告示遵守義務違反の場合、初違反の場合、未遵守5件以下で警告、6件以上15件以下で10日車、16件以上で20日車の自動車等の使用停止処分となります。また、1か月の拘束時間及び休日労働の限度に関する違反がある場合、更に上記とは別立てで各事項の未遵守1件の場合10日車、2件以上は20日車として処分日車数を算出し上記の処分日車数に合算します。再違反の場合、基準日車数が過重されます。（貨物自動車運送事業者に対し行政処分等を行うべき違反行為及び日車数等について　国自安75号、国自貨79号、国自整69号　平成21・9・29　最終改正平成30・3・30）。著しい違反の場合は、30日間の事業停止処分もあります。

## トラック運転者の改善基準告示、適用除外の範囲は

**Q22**　「自動車運転者の労働時間等の改善のための基準」、いわゆる「改善基準」について教えてください。

　先日、トラック運転者のうち、一部の業務については、改善基準が適用されないという話を耳にしました。適用除外となる範囲は通達で示されていると聞いたのですが、具体的にはどのような範囲の業務が適用除外となるのでしょうか。また、適用除外となる業務以外の業務も行わせる場合の改善基準の適用方法についても教えてください。

**A**　**緊急輸送や危険物輸送業務は適用除外**
　〔弁護士・小川和晃（レクスペラ法律事務所）〕

　貨物自動車運送事業のうち緊急輸送や危険物輸送等の業務は、改善基準の適用除外とされており、拘束時間や運転時間の制限を受けません。緊急輸送や危険物輸送といった適用除外対象業務に加えて通常業務にも従事する場合には、適用除外対象業務に従事する日数の比率で拘束時間や運転時間の上限が算出されます。

### 1　改善基準とは

「自動車運転者の労働時間等の改善のための基準」（平成元年2月9日　労働省告示第7号。以下「改善基準告示」といいます）

人命救助や災害救助といった緊急を要する場合や危険物の輸送については、改善基準の適用対象外としても問題は生じない

は、自動車運転者の労働条件の改善を図るため、拘束時間、休息期間、運転時間等について基準を定めています。

　トラック運転者等の貨物自動車運送事業に従事する自動車運転者については、拘束時間（始業時刻から終業時刻までの時間）が1か月293時間、1日13時間を超えないものとすることが原則とされています（改善基準告示第4条1項1号・2号）。

　また、休息期間（勤務と次の勤務の間の時間）は継続8時間以上与えることとされており、運転者の住所地における休息期間がそれ以外の場所における休息期間よりも長くなるように努めるものとされています（改善基準告示第4条1項3号、同条2項）。

　運転時間についても、2日平均で1日9時間、2週間平均で

週44時間を超えないものとすることが定められています（改善基準告示第４条１項４号）。

さらに、連続運転時間は、４時間以内とされており、運転開始後４時間以内または４時間経過直後に１回連続10分以上かつ合計30分以上の運転をしない時間が必要とされています（改善基準告示第４条１項５号）。

## ２　改善基準の適用除外の範囲

もっとも、人命救助や災害救助といった緊急を要する場合についてまで、改善基準が形式的に適用されるとすることは、適当ではありません。

また、危険物の輸送については、様々な法律により運搬計画の提出等の厳しい制限が加えられており、改善基準の適用対象外としても問題は生じません。

このため、「自動車運転者の労働時間等の改善のための基準に係る適用除外業務について」（平成９年３月26日　基発第201号。以下「適用除外業務告示」といいます）は、貨物自動車運送事業のうち、以下の５つの業務については、改善基準の適用対象外とすることが定められています。

① 　災害対策基本法及び大規模地震特別措置法に基づき、都道府県公安委員会から緊急通行車両であることの確認、標章及び証明書の交付を受けて行う緊急輸送の業務

② 　消防法に基づき、関係消防機関に移送計画を届け出て行うアルキルアルミニウム、アルキルリチウム及びこれらの含有物のタンクローリーによる運送の業務

③　高圧ガス保安法に基づき、事業所の所在地を管轄する通商
　産業局長に移動計画書を届け出、その確認を受けて行う可燃
　ガス、酸素、毒性ガス等の高圧ガスのタンクローリーによる
　運送の業務

④　火薬類取締法に基づき、都道府県公安委員会に運搬に関す
　る計画を届け出、運搬証明書の交付を受けて行う火薬、爆薬
　等の火薬類の運送の業務

⑤　核原料物質、核燃料物質及び原子炉の規制に関する法律及
　び放射性同位元素等による放射線障害の防止に関する法律に
　基づき、運輸大臣の確認を受け、かつ、都道府県公安委員会
　に運送計画を届け出て行う核燃料物質等及び放射性同位元素
　等の運送の業務

　以上の適用除外対象業務には、改善基準が適用されず、拘束
時間や運転時間の制限を受けませんが、関係法令に基づく各種
行政機関への届出書やその写しの備え付け、適用除外対象業務
に従事した期間が明らかとなる記録の整備が必要とされていま
す（適用除外業務告示の三）。

3　適用除外対象業務に加えて通常業務にも従事させる場合の
　改善基準の適用方法

　緊急輸送や危険物輸送業務といった適用除外対象業務のみな
らず、通常業務にも従事する場合については、適用除外対象業
務に従事する日数の比率で拘束時間や運転時間の上限を算出す
るとされています（適用除外業務告示の二）。

　例えば、1か月31日の月において、適用除外対象業務に従事

した日数が10日間の場合、1か月の拘束時間は、（31日－10日）÷31日×293時間≒198時間28分
——となります。

　また、適用除外対象業務に従事した日数が2週間に5日間であった場合、2週間の運転時間の上限は、（14日－5日）÷14日×88時間≒56時間34分
——となります。

　以上のように、適用除外対象業務の他に通常業務にも従事させる場合には、1か月又は2週間の日数のうち適用除外対象業務に従事した日数が何日間であるかによって、通常業務の拘束時間や運転時間の上限を算出するとされています。

## トラック駐停車中の労働時間と休憩時間、デジタコとドラレコで算定は

**Q23** トラック輸送を行っている当社では、デジタルタコグラフから得られたトラックが停まっている時間については、休憩時間と扱っています。

ところが先日、ドライバーのAが、「前の会社では、エンジンがかかっている時間には、給与が出ていた」と言ってきました。

Aも含めて多くのドライバーが、エンジンをかけて道の駅やバイパス沿いに駐車し、食事をしたりスマホをいじったりしているのは、ドライブレコーダーの記録からわかっています。中には、ダッシュボードの上に足を投げ出して寝ている者もいます。特に夏と冬には、エアコンをかけっぱなしです。

デジタコとドラレコを組み合わせて、トラックの駐停車中に、明らかに休憩をとっている場合には、労働時間として扱わないでよいでしょうか。

**A エンジンがかかっていれば労働時間にあたるとは限らない**
〔弁護士・小川和晃（レクスペラ法律事務所）〕

労働基準法上の「労働時間」とは、使用者の指揮命令下に置かれている時間をいい、実作業に従事していない不活動時間が

労働時間に該当するか否かは、使用者の指揮命令下に置かれているといえるか否かにより客観的に定められます。トラックのエンジンがかかっている時間であっても、労働からの解放が保障されており、使用者の指揮命令下に置かれていないと客観的に評価される場合には、「労働時間」にはあたりません。デジタルタコグラフやドライブレコーダーによってそれを証明することができるのであれば、労働時間ではなく休憩時間と扱えます。

1　「労働時間」「休憩時間」とは

　労働基準法上の「労働時間」とは、使用者の指揮命令下に置かれている時間をいいます（三菱重工業事件　最一小判　平成12・3・9）。

　「労働時間」には、実際に作業に従事している時間のみならず、作業と作業の間の待機時間である手待時間も「労働時間」に含まれます。

　他方、「休憩時間」は、労働から解放され、使用者の指揮命令下から離脱している時間であり、労働者が自由に利用できる時間をいいます。

2　不活動時間の労働時間該当性

　労働者が実作業に従事していない不活動時間が「労働時間」に該当するか否かは、労働者が不活動時間において使用者の指揮命令下に置かれていたと評価できるか否かにより客観的に定められるとされています（前掲三菱重工業事件）。

　そして、不活動時間においても、労働者が実作業に従事していないというだけでは、使用者の指揮命令下から離脱している

とは言えず、不活動時間に労働から離れることを保障されてい
て初めて、使用者の指揮命令下に置かれていないと評価するこ
とができると解されています（大星ビル管理事件　最一小判　平
成14・2・28）。

　したがって、不活動時間であっても労働からの解放が保障さ
れていない場合には「労働時間」にあたります（前掲大星ビル
管理事件）。

　そして、不活動時間において労務の提供が義務付けられてい
ると評価される場合は、労働からの解放が保障されていると言
えず、使用者の指揮命令下に置かれているというべきであると
されています（前掲大星ビル管理事件）。

3　貴社のご質問について

　前記2のとおり、労働者が実作業に従事していない時間が「労
働時間」に該当するか否かは、使用者の指揮命令下に置かれて
いたものと評価することができるか否かによって客観的に定め
られます。

　この点、貴社は、デジタルタコグラフの記録によってトラッ
クの停車時間を算出し、それを休憩時間として扱っているとさ
れています。

　しかし、停車時間の全てが「労働からの解放が保障されてい
る」とまではいえないと思われます。

　例えば、運送業界では、荷主や物流施設の都合に合わせて運
転手が待機しなければならない「荷待ち時間」が存在しますが、
このような荷待ち時間については、荷物の準備が整い次第、直

ちに荷物の積み下ろし業務に従事しなければならず、労務の提供が義務付けられています。

　このため、トラックが停車している時間であっても、その停車の事実のみをもって「労働からの解放が保障されている」とは言えず、停車時間の全てが「休憩時間」にあたるとまではいえません。

　他方、貴社のＡさんは、トラックのエンジンがかかっている時間は「労働時間」にあたると主張されているとのことです。

　しかし、トラックのエンジンがかかっている時間の全てが、「使用者の指揮命令下に置かれている」と評価することができるわけでもありません。

　例えば、ドライバーが自由に道の駅などに駐車し、エンジンをかけながら、食事をとったり、携帯電話をいじったり、仮眠をとったりするなど、労働から離れることが保障されているのであれば、使用者の指揮命令下には置かれていないと評価することができます。

　現実にも、特に夏季や冬季においては、エンジンをかけて冷暖房をつけながら休憩をとることも多いと思われます。

　したがって、仮にトラックのエンジンがかかっている時間であっても、その事実のみをもって「労働時間」にあたるともいえません。

　ご質問のとおり、デジタルタコグラフやドライブレコーダーの記録を利用すれば、ドライバーが停車時間中にどのような行動をとっているかが客観的に明らかになると思われます。

その結果、労働からの解放が保障されており、使用者の指揮命令下に置かれていないと客観的に判断される時間については、労働時間ではなく、休憩時間と扱って良いと思われます。

## 監視・断続労働の許可基準は

**Q24**　　監視・断続労働について、おたずねいたします。
　　当社では、会社役員（主に社長）専用の自動車運
転者を雇おうと考えています。これまでは、総務課の総務
係長に運転を頼んでいたのですが、これでは日常業務に差
し障りが出て来ざるを得ません。
　　そこで、お聞きしたいのですが、どのような勤務内容で
あれば断続労働として許可されますでしょうか。

## A　手待時間が多いような一定の業務

　労働基準法第41条第3号は、労働密度が勤務の性格上疎であ
る監視・断続労働について、労働基準監督署長の許可を条件に
同法上の労働時間、休憩及び休日の規定の適用を除外していま
す。しかし、ここで注意すべきは同法第39条の年次有給休暇と
第37条の割増賃金のうち深夜業に関する部分は適用除外になら
ないということです。

　では、どのような労働であれば「断続労働」として許可され
るのか、以下その基準についてご説明いたします。

　行政解釈は、断続的労働に従事する者の定義について、「休
憩時間は少ないが手待時間が多い者」とし、つぎのような一
般的許可基準を掲げています（昭22・9・13 発基第17号、昭

23・4・5 基発第535号、昭63・3・14 基発第150号)。

① 修繕係等通常は業務閑散であるが、事故発生に備えて待機
するものは許可すること。

② 寄宿舎の賄人等については、その者の勤務時間を基礎とし
て作業時間と手待時間折半の程度まで許可すること。

ただし、実労働時間の合計が8時間を超えるときは許可す
べき限りではない。

③ 鉄道踏切番等については、1日交通量10往復程度まで許可
すること。

④ その他特に危険な業務に従事する者については許可しない
こと。

また、断続的労働と通常の労働とが一日の中において混在し
たり、日によって反覆するような場合は、「常態として断続的
労働に従事する者には該当しないから、許可すべき限りでない」
(昭63・3・14 基発第150号) とされています。

なお、おたずねの役員専属の自動車運転者の場合については、
「事業場等の高級職員専用自動車の運転手は勤務時間としては
長時間に及ぶこともあるが、その半分以上は詰所において用務
の生ずる迄全然仕事がなく待っている場合、これを断続的労働
として取扱つて差支えない」(昭23・7・20 基収第2483号) と
する解釈例規がありますので、このような勤務内容であれば許
可されることになります。逆に、運転業務がないようなときに
軽易の事務などを行わせるようなケースであれば、許可されな
いと考えるべきでしょう。

## 災害等臨時の必要ある場合の時間外許可基準、改正されたのか

**Q25** 　今年の梅雨から、当社の周辺で豪雨が続き、あわや床上浸水になるか、というほどの水位になりました。現在のところ、大きな被害は被っていませんが、これからの台風シーズンが心配です。場合によっては、数名の男性社員に急遽物品や車両の移動を行ってもらうことも検討しています。

　ところで、最近、災害等で臨時の必要がある場合の時間外労働の許可基準が改正されたという話をききました。そこで教えていただきたいのですが、どのような改正なのでしょうか。対象者を事前に登録するなど要件が厳しくなったのでしょうか。現実的に、被災しそうになっているのに、事前に届け出ることはとても難しいと思います。

**A** **現代的な事象等を踏まえた解釈の明確化が図られた**
〔弁護士・小川和晃（レクスペラ法律事務所）〕

　労働基準法第33条第1項は、「災害その他避けることのできない事由によって、臨時の必要がある場合」には、行政官庁の許可を受けて、法定の労働時間を超えて、又は法定休日に労働させることができることが定められています。同条項の運用については、これまでに許可基準が定められていましたが（昭和

改正では現代的な事象（豪雨等の「風水害」）の対応が明記され、
事前に許可を得ることができない場合は事後の届出も可能

22年９月13日付発基第17号、昭和26年10月11日付基発第696号）、
今般、許可基準が改正され、現代的な事象等を踏まえた解釈の
明確化が図られました。

## 1　労働基準法第33条第１項

　労働基準法第33条第１項は、「災害その他避けることのでき
ない事由によって、臨時の必要がある場合においては、使用者は、
行政官庁の許可を受けて、その必要の限度において第32条から
前条まで若しくは第40条の労働時間を延長し、又は第35条の休
日に労働させることができる。ただし、事態急迫のために行政
官庁の許可を受ける暇がない場合においては、事後に遅滞なく
届け出なければならない。」と定めており、災害等の避けるこ
とができない事由が存在する場合には、法定の労働時間を超え

て、又は法定休日に労働させることができるとされています。

2　許可基準の改正

　労働基準法第33条第1項の「災害その他避けることの出来ない事由によって、臨時の必要がある場合」の運用にあたっては、次のような許可基準が定められていました（昭和22年9月13日付発基第17号、昭和26年10月11日付基発第696号）。

① 　単なる業務の繁忙その他これに準ずる経営上の必要は認めないこと。

② 　急病、ボイラーの破裂その他人命又は公益を保護するための必要は認めること。

③ 　事業の運営を不可能ならしめるような突発的な機械の故障の修理は認めるが、通常予見される部分的な修理、定期的な手入は認めないこと。

④ 　電圧低下により保安等の必要がある場合は認めること。

　今般、上記許可基準の一部が改正され、次のとおり定められました（令和元年6月7日付基発0607第1号、令和元年6月7日付基監発0607第1号）。

① 　単なる業務の繁忙その他これに準ずる経営上の必要は認めないこと。

② 　地震、津波、風水害、雪害、爆発、火災等の災害への対応（差し迫った恐れがある場合における事前の対応を含む。）、急病への対応その他の人命又は公益を保護するための必要は認めること。例えば、災害その他避けることのできない事由により被害を受けた電気、ガス、水道等のライフラインや安全な

道路交通の早期復旧のための対応、大規模なリコール対応は含まれること。

③　事業の運営を不可能ならしめるような突発的な機械・設備の故障の修理、保安やシステム障害の復旧は認めるが、通常予見される部分的な修理、定期的な保安は認めないこと。例えば、サーバーへの攻撃によるシステムダウンへの対応は含まれること。

④　上記②及び③の基準については、他の事業場からの協力要請に応じる場合においても、人命又は公益の確保のために協力要請に応じる場合や協力要請に応じないことで事業運営が不可能となる場合には、認めること。

　なお、今回の改正は、「現代的な事象等を踏まえて解釈の明確化を図るもの」とされており、「旧許可基準及び関連通達で示している基本的な考え方に変更はない」とされています（令和元年6月7日付基発0607第1号）。

　また、新許可基準に定められた事項は、限定列挙ではなく、あくまでも例示列挙とされており、これら以外の事案についても「災害その他避けることのできない事由によって、臨時の必要がある場合」にあたることがあり得るとされています（令和元年6月7日付基監発0607第1号）。

3　貴社のご質問について

　前記のとおり、今般の許可基準の改正は、現代的な事象等を踏まえて解釈の明確化を図るものにとどまり、基本的な考え方に変更はありません。したがって、要件が厳格になるわけでは

なく、対象者を事前に登録する必要もありません。

　また、今般の改正により、豪雨のような「風水害」の対応も明記されるとともに、「差し迫った恐れがある場合における事前の対応」も含むことが明記されています。したがって、貴社のご質問のようなケースでも活用し得ると思われます。

　なお、労働基準法第33条第1項ただし書では、「事態急迫のために行政官庁の許可を受ける暇がない場合」には、事後に遅滞なく届け出ることが求められています。したがって、事前に許可を得ることができない場合には、事後の届出も可能です。

## 駐車場の管理を行う労働者、時間外に時間制限かかるか

**Q26** 当社には、屋外に150台ほどの駐車場と社屋の地下1階に50台ほどの駐車場があります。現在は、嘱託の職員5人がシフト制で管理業務を行っていますが、嘱託職員の2人が年度末で辞めてしまうことになり、数ヵ月は管理業務を行う嘱託職員が少なくなってしまうので、多少時間外労働を行ってもらう必要が出てきてしまいました。

　ところが、聞くところによりますと、排気ガスなど有害物質を発散する場所における業務については、時間外労働の時間数に制限がかかるとのことでした。当社のような駐車場の管理業務を行う嘱託職員にも、このような時間外労働の時間制限がかかるのでしょうか。

$\cdots\cdots\cdots\cdots\cdots\cdots\cdots\cdots\cdots\cdots\cdots\cdots\cdots\cdots\cdots\cdots\cdots\cdots\cdots\cdots\cdots\cdots$

**A** 地下駐車場の業務は
有害業務に該当する可能性がある
〔弁護士・平井彩（石嵜・山中総合法律事務所）〕

　地下駐車場の業務は、主たる業務が入庫受付け業務、出庫受付け業務、料金徴収業務、自動車誘導等の場内業務、洗車等のサービス業務であれば有害業務に該当し、時間外労働が1日について2時間以内に制限されるが、屋上駐車場の業務は有害業務には該当しません。

### 1　有害業務の時間外労働の制限

　労基法第36条第1項は、三六協定を締結し、労働基準監督署に届け出た場合には、協定で定める範囲で時間外・休日労働をさせることができると定めていますが、同条6項第1号では、「坑内労働その他厚生労働省令で定める健康上特に有害な業務について、1日について労働時間を延長して労働させた時間　2時間を超えないこと。」と定めています。つまり、坑内労働その他厚生労働省令で定める健康上特に有害な業務については、三六協定の範囲内であっても、1日の法定労働時間数（8時間）に加えて、2時間しか時間外労働をさせることができません。

　この時間外労働が2時間を超えてはならない有害業務は、労基則第18条で以下の通り規定されています。

① 　多量の高熱物体を取り扱う業務及び著しく暑熱な場所における業務

② 　多量の低温物体を取り扱う業務及び著しく寒冷な場所における業務

③ 　ラジウム放射線、エックス線その他の有害放射線にさらされる業務

④ 　土石、獣毛等のじんあい又は粉末を著しく飛散する場所における業務

⑤ 　異常気圧下における業務

⑥ 　削岩機、鋲打機等の使用によって身体に著しい振動を与える業務

⑦ 　重量物の取扱い等重激なる業務

⑧　ボイラー製造等強烈な騒音を発する場所における業務

⑨　鉛、水銀、クロム、砒素、黄りん、弗素、塩素、塩酸、硝酸、亜硫酸、硫酸、一酸化炭素、二硫化炭素、青酸、ベンゼン、アニリン、その他これに準ずる有害物の粉じん、蒸気又はガスを発散する場所における業務

⑩　前各号のほか、厚生労働大臣の指定する業務

　上記のうち、⑨の業務については、行政通達にて、「地下駐車場の業務のうち、入庫受付け業務、出庫受付け業務、料金徴収業務、自動車誘導等の場内業務、洗車等のサービス業務」がこれに当たるとされています（昭43・7・24 基発472号、昭46・3・18 基発223号、昭63・3・14 基発150号、平11・3・31 基発168号）。

　上記①から⑩の労規則第18条の有害業務は、有害な作業を主たる内容とする業務を指すものであり、したがって、有害業務に従事する時間とは有害な作業に従事した時間のみを指すものではなく、関連する作業を含めた不可分一体の一連の業務に従事した時間により算定すべきとされています。

2　駐車場の管理業務について

　そこで、ご質問の駐車場の管理業務について、管理業務の詳細が不明ではありますが、地下駐車場での業務が、「入庫受付け業務、出庫受付け業務、料金徴収業務、自動車誘導等の場内業務、洗車等のサービス業務」であれば、労基法第36条第6項第1号が適用され、1日2時間までしか時間外労働をさせることができないことになります。

　もっとも、上記行政通達は、地下駐車場の業務としていますので、屋上駐車場での業務は、有害業務には該当しません。このように、有害業務とその他の労働が同一に行われる場合、三六協定があれば、有害業務の労働時間数が法定労働時間に2時間を加えた時間を超えない限り、その他の労働時間の長さは、三六協定の限度内であれば実施可能です（昭41・9・19 基発997号、昭63・3・14 基発150号、平11・3・31 基発168号）。したがって、例えば、三六協定で1日の時間外労働時間の上限を3時間と定めていた場合、①地下駐車場業務を8時間、屋上駐車場業務を3時間実施する、②地下駐車場業務を9時間、屋上駐車場業務を2時間実施する、③地下駐車場業務を6時間、屋上駐車場業務を5時間実施することも可能です。

　また、休日労働については、三六協定の範囲内で休日出勤を命ずることができますが、労基法第36条第6項第1号は、通常の労働日においては原則として最長10時間を限度とする規定であるため、休日においても10時間を超えて休日労働をさせることを禁止するものと解されます（昭24・10・4 基収1484号、昭63・3・14 基発150号、平11・3・31 基発168号）。もっとも、裏を返せば、三六協定の範囲内であれば、所定休日であっても、法定休日であっても、1日10時間まで有害業務に従事させることが可能と言えます。

　したがって、ご質問のケースにおいては、駐車場の管理業務が、地下駐車場における「入庫受付け業務、出庫受付け業務、料金徴収業務、自動車誘導等の場内業務、洗車等のサービス業

務」に該当するのであれば、有害業務に該当して、1日2時間までという時間外労働の制限がかかります。そのため、地下駐車場業務と屋上駐車場業務のシフトの組み方を工夫したり、休日労働を活用したりすることによって、時間外労働の範囲内で対応することが適切といえるでしょう。

## 深夜業交替勤務は男女同等に取り扱うのか

**Q27**　交替勤務の対象者として採用した者のうち、女性が2人おります。これまで女性を深夜勤務帯に勤務させたことはないのですが、これを機会に、今後は女性作業者も深夜勤務に組み入れていこうと思います。この場合、まったく男性と同じように取り扱ってよいのでしょうか。注意すべき点などありましたらご教示ください。

**A**　**通勤の確保や防犯上の配慮、休養室の整備などを**

　男女雇用機会均等法では、法律的には女性労働者も男性労働者と同様に深夜業に従事させても問題はないとされています。

　ただし、男女雇用機会均等法施行規則第13条では、事業主が新たに女性を深夜業に従事させる場合には、通勤及び業務遂行の際の防犯上の安全を確保するなど就業環境整備に努めることとしています。

　具体的には、「深夜業に従事する女性労働者の就業環境等の整備に関する指針」（平10・3・13 労働省告示第21号）において、事業主はその雇用する女性労働者を深夜業に従事させる場合には、適切な措置を講ずべきであるとしています。すなわち、それは①通勤及び業務の遂行の際における安全の確保、②子の養育または家族の介護等の事情に関する配慮、③男女別の仮眠室、

休養室等の整備、④年2回以上の健康診断の実施等、などです。

したがって、女性労働者を深夜業に従事させるにあたっては、女性が夜間に通勤したり、人気のない職場などで業務を遂行しなければならない事態も考えられるため、事業主は女性の防犯面の安全を確保する必要があります。

また、併せて深夜業に従事させる女性労働者の子の養育や家族の介護などの事情に関して配慮が求められています。

具体的に、前記①の措置では、通勤時の安全確保措置として送迎バスの運行、防犯ベルの貸与などがあげられています。また、②の措置としては、育児や介護、本人の健康状態などに関して事情を聴くなどの配慮が求められます。なお、前記③及び④については、労働安全衛生法、労働安全衛生規則により、義務付けられている事項を明らかにしたものです。

一方、育児・介護休業法では、特に育児や介護を行う男女労働者の深夜業の制限が設けられています。

このため、育児や介護を行っている女性労働者が請求した場合にはやむを得ない場合を除き深夜業に従事させることはできないことになります。

これらの請求は、①適用開始予定日の1カ月前までに行う、②1回の請求にあたっては1カ月以上6カ月以内の連続する1の期間内、となっています。

## 女性の深夜業が認められないケースとは

**Q28** 女性の深夜業についておたずねします。
女性は、満18歳に満たない者を除き深夜業に
従事させ得ると考えてよいのですか。それとも、女性の深
夜業が認められないケースがありますか。

................................................................

**A** 家族的責任を有する男女労働者が
請求した場合等が

ご質問のように、すべての女性に深夜業に従事させ得るかと
いいますと、そうではありません。

まず第一に、労働基準法第66条第3項で「使用者は、妊産婦
が請求した場合においては、深夜業をさせてはならない」と定
めています。

また、新たに、家族的責任を有する労働者が請求した場合、
深夜において労働させてはならないという深夜業の制限規定を
育児・介護休業法第19条及び20条に設けられています。ここで
注意していただきたいのは、深夜業が制限されるのは、女性の
みではなく、家族的責任を有する男女労働者が請求した場合、
である点です。

家族的責任を有する労働者とは、小学校就学の始期に達する
までの子を養育する男女労働者であり、要介護状態にある対象
家族を介護する男女労働者です。女性についていえば、育児を

女性だけでなく、家族的責任を有する男性が
請求した場合にも深夜業が制限される

行う労働者の場合、前に紹介しましたように労働基準法第66条
第3項で、妊娠してから産後1年まで、請求により深夜業をさ
せることができず、さらに子供の就学前までが深夜業の制限対
象ということになります。男性については子どもの出生から、
就学前までということになります。

　深夜業の制限を請求できるのは、日々雇用される人を除き、
有期雇用の労働者も可能です。育児を行う労働者については、
当然のことですが、育児休業をとらない場合です。ただし、以
下の人は除外されます。
①　雇用されてから1年未満の労働者
②　深夜に常態として子どもを保育できる同居の家族がいる労
　働者

　　この場合の「同居の家族」というのは「16歳以上の同居の家族であって、次のいずれにも該当する者」とされています（育児・介護休業法施行規則第60条）。

　　イ　深夜に就業していない者（深夜の就業日数が１月について３日以下の者を含む）であること

　　ロ　負傷、疾病、心身の障害により子を保育することが困難な状態にある者でないこと

　　ハ　産前産後の休業期間を経過しない者でないこと

③　その他当該請求をできないことについて合理的理由があると認められる労働者

　　これについては、同施行規則第61条で、次の場合とされています。

　　イ　１週間の所定労働日数が２日以下の労働者

　　ロ　所定労働時間の全部が深夜にある労働者

　　なお、介護を行う労働者にあっては、前記②の「子どもを保育することができる」は「対象家族を介護できる」と読み替えることになります。

## 妊産婦の保健指導の受診時間を 休日に限定できるか

**Q29** 　妊産婦が母子保健法に定められた保健指導や健康診査をする場合に、その受診に必要な時間を確保することが事業主に義務付けられていると聞きました。

　当社は、土曜日が休日なので、その日に受診してもらうとして、やむを得ない事由により、土曜日に受診できない場合に限って、就業時間中の受診を認めるとしても構わないのでしょうか。

............................................................................

## A　医師の指示で通院するため休日に限定できない

　ご質問のとおり、男女雇用機会均等法第12条などにより、女性労働者の妊娠中及び出産後の健康管理に関する措置が事業主に義務付けられています。

　事業主に義務付けられている措置は、具体的には、⑴妊産婦が母子保健法に定められた保健指導・健康診査を受診するために必要な時間の確保、⑵妊産婦が、保健指導・健康診査の受診の結果、医師または助産師（以下「医師等」といいます）から受けた指導事項を守ることができるようにするための措置の実施——の2点です。

　母子保健法は、第10条と第13条において、市町村に対して、妊産婦を対象とした保健指導・健康診査を実施すること、及び

妊産婦にその受診を勧奨することを義務付けています。

　男女雇用機会均等法は、第12条と第13条において、事業主に対して、雇用する妊産婦が母子保健法に定められた保健指導または健康診査を受診するために必要な時間を確保すること及び妊産婦が保健指導や健康診査に基づく指導事項を守ることができるようにするために、勤務時間の変更や勤務の軽減等の必要な措置を講じることを義務付けています。

　そこで、保健指導・健康診査の具体的な内容をみてみますと、問診、診察、諸検査、それらに基づく疾病の予防、健康の保持増進に必要な保健上守るべき事項の指示・指導、療養の指導をする個別の保健指導とされています。

　また、男女雇用機会均等法施行規則第2条の4により「保健指導・健康診査を受診するために必要な時間」として、妊娠中は、①妊娠23週までは4週間に1回、②24週から35週までは2週間に1回、③36週以後出産までは1週間に1回──の受診の確保が、産後（出産後1年以内）は、医師等の指示するところによる受診の確保が必要とされています。

　ただし、妊娠中でも、医師等が前記と異なる指示をしたときは、その指示により必要な時間を確保しなければなりません（同施行規則）。

　必要な時間には、健康診査の受診時間、保健指導を受ける時間のほかに、医療機関等での待ち時間、医療機関等への往復時間も考慮に入れ、十分な時間を確保できるようにしてください。

　健康診査及び保健指導を受けるために必要な時間の付与方法

（申請を書面で行うか否か等）及び付与単位（時間単位か半日単位か等）は、通常、労働契約に定めるところにより、事業主が具体的に定めることとなりますが、その定め方によって、実質的に妊産婦の通院を妨げることはできません（平9・11・4基発第695号、女発第36号）。

　したがって、ご質問にあるように、休日に受診できない場合に限り、就業時間中の受診を認めるといった取扱いはできません。

　ただし、妊産婦が自ら希望して、会社の休日等に健康診査等を受けることを妨げるものではありません。

　また、労働基準法には、産前・産後休業（第65条）をはじめとしたさまざまな母性保護措置が定められています。関係法令を守り、就業規則等の整備を進める等、職場において、女性が母性を尊重され、働きながら安心して子どもを産むことができるような環境整備を推進してください。

## 産後休暇明けの女性に残業させ得るか

**Q30**　私どもは、従業員40人ほどで出版業を営んでおります。この度、社員Sが産後休暇が終わり復職してきました。実は、このところ業務が忙しく、ほとんどの社員が残業している状態です。労働基準法では、妊産婦の時間外労働などが制限されていると聞きましたが、Sに残業させることはできないでしょうか。

## A　妊産婦からの請求があれば残業命じ得ない

　労働基準法第66条では、妊産婦の時間外労働などについて制限を定めていますので、これについてご説明しましょう。

　まず、同法第66条第2項及び第3項では、「使用者は、妊産婦が請求した場合においては、第33条第1項及び第3項並びに第36条第1項の規定にかかわらず、時間外労働をさせてはならず、又は休日に労働させてはならない」、「使用者は、妊産婦が請求した場合においては、深夜業をさせてはならない」と規定しています。

　妊産婦とは、妊娠中及び産後1年経過しない女性をいい、これら妊産婦が請求した場合、使用者は時間外労働・休日労働または深夜業をさせてはならないことになっているわけです。

　このため請求があれば、災害などによる臨時の必要がある場

合（第33条第1項）、公務のために臨時の必要がある場合（第33条第3項）や、たとえいわゆる36協定が締結されている場合であっても、妊産婦について時間外・休日労働をさせることはできません。

　ご質問では、産後休暇明けの出社ということですので、Ｓさんは産後1年を経過していないと思われます。本人から請求があれば、当然1日8時間、1週40時間（特例措置対象事業場にあっては44時間）を超えた残業をさせることはできません。

　もちろん、本人からの請求がなければ残業を命ずることは可能です。また、請求にあたっては時間外労働はできないが、休日労働は可能というように部分的請求もできることとされています。さらに、妊産婦の身体の状況の変化に伴って請求内容の変更があった場合には、それに応じた取扱いも必要となります（昭61・3・20 基発第151号、婦発第69号）。

　なお、妊産婦のうち、同法第41条の管理監督の地位にある者の取扱いですが、これらの者については労働時間に関する規定が適用されません。このため、たとえ請求があっても時間外及び休日労働に関する同条の禁止規定の適用はありません。ただし、適用が除外されない深夜業については、請求があればその範囲で深夜業が禁止されます。

　また、ご質問にはありませんが、妊産婦が請求した場合は同法第66条第1項により1カ月単位の変形労働時間制、1年単位の変形労働時間制、1週間単位の非定型的変形労働時間制に関する規定にかかわらず、1日及び1週間の法定労働時間を超え

て労働させることもできません。なお、子の養育または家族介護を行う一定要件を満たす男女労働者については、請求があった場合、時間外労働の限度は1カ月24時間、1年間150時間となっていますので、この範囲内でしか時間外労働をさせられません。

## 育児・介護中の労働者には
## 時間外労働の制限があるのか

**Q31** 当社では、いわゆる36協定を結んで従業員に時間外労働をしてもらっていますが、育児・介護を行う労働者には、時間外の上限が定められていると聞きました。具体的には何時間まで時間外労働をさせることができるのでしょうか。また、育児・介護を行う労働者はすべてが対象になるのでしょうか。

**A** 　１カ月24時間、１年150時間までに制限される

　ご承知のとおり、育児や家族の介護を行う一定の男女労働者に対しては、時間外労働の制限が設けられています（育児・介護休業法第17条第１項、第18条第１項）。

　この制度は、

(1)　小学校就学前の子を養育している男女労働者

(2)　要介護状態（負傷、疾病または心身の障害により２週間以上にわたり常時介護を必要とする状態）にある対象家族（配偶者、父母及び子、配偶者の父母、祖父母、兄弟姉妹、孫）を介護している男女労働者—が、時間外労働の制限を請求した場合には、事業主は、事業の正常な運営を妨げる場合を除き、その者を１カ月について24時間、１年について150時間を超えて法定時間外労働をさせてはならないというものです。

時間外労働は　1カ月24時間
1年150時間まで！

育児

介護

経営者

一定の育児・介護を行う労働者に対し、時間外労働時間数に
限度が設けられている

　ただし、育児や介護が必要な家族がいても、次の労働者は請
求できません。
①　その事業主に継続して雇用された期間が１年に満たない労
　働者
②　１週間の所定労働日数が２日以下の労働者
　また、事業主は、所定外労働の制限の請求があっても事業の
正常な運営を妨げる場合は応じる必要はないわけですが、請求
が「事業の正常な運営を妨げる場合」に該当するか否かは、そ
の労働者の所属する事業場を基準として、その労働者の担当す
る作業の内容、作業の繁閑、代替要員の配置の難易等諸般の事
情を考慮して客観的に判断することとされています。
　なお、育児や介護を行う労働者が時間外労働の制限の運用を

請求する場合には、労働者は、制度の適用開始予定日の1カ月前までに、事業主に対して、所定の事項を記載した書面を提出することが必要になります。

この場合、1回の請求については、1カ月以上1年以内の期間でなければなりません。

ただし、請求の回数に制限はありませんから、労働者は前記(1)、(2)のいずれかに該当する限り、同じ子の養育あるいは同じ家族の介護を理由に何度でも請求を繰り返すことが可能とされています。

請求に当たって、労働者が事業主に提出すべき書面の記載事項については、育児・介護とも、

① 請求の年月日

② 請求をする労働者の氏名

③ 請求に係る制限期間の初日及び末日とする日

——は共通ですが、それ以外はそれぞれ以下のようになっています。

〈育児〉 ① 請求に係る子の氏名、生年月日及び請求する労働者との続柄等（請求に係る子が当該請求の際に出生していない場合にあっては、当該請求に係る子を出産する予定である者の氏名、出産予定日及び労働者との続柄。特別養子縁組の請求等の場合にあってはその事実）

② 請求に係る子が養子である場合にあっては、当該養子縁組の効力が生じた日

〈介護〉①　請求に係る対象家族の氏名及び労働者との続柄
　　　　　②　請求に係る対象家族が要介護状態にあること
　さらに、請求は、事業主が適当と認める場合には、ファックスまたは電子メール等によることも可能です。

## 育児・介護中の労働者に深夜業させられるか

**Q32** 当社では、性別を問わず従業員を深夜業に従事させようと考えていますが、育児や介護をしている労働者は、深夜業をしないことを申し出ることができると聞きました。

この深夜業をしないことを申し出ることができる労働者には、制限はあるのでしょうか。また、その場合、現在、深夜勤務シフトのある交替制勤務者からの申し出にも応じる必要があるのでしょうか。

## A 育児や介護をする一定範囲の男女労働者が対象

育児・介護休業法によって定められている育児や家族の介護を行う一定範囲の男女労働者を対象に、深夜業を制限する制度の対象となるのは、(1)小学校就学の始期に達するまで（つまり、6歳に達する日の属する年度の3月31日まで）の子を養育している男女労働者、(2)要介護状態にある対象家族（配偶者、父母、配偶者の父母のほか、祖父母、孫、兄弟姉妹）を介護している男女労働者――のいずれかに該当する労働者です。

したがって、性別を問わず、前記のいずれかに該当する労働者から請求があった場合は、事業の正常な運営を妨げる場合を除き、深夜の時間帯（午後10時から午前5時まで）に就業させ

ることができません（育児・介護休業法第19条第１項、第20条
第１項）。

　ここでいう「就業させることができない」とは、深夜の時間
帯に及ぶ残業はもちろん、所定労働時間が深夜の時間帯に食い
込むこともできないという意味です。

　ただし、日々雇用される労働者のほか、次のいずれかに該当
する労働者については、原則として制度の適用が除外されてい
ます。

①　勤続１年未満の労働者

②　深夜において常態として、その子の保育または対象家族の
　　介護ができる同居の家族その他の者がいる労働者

③　その他請求ができないこととすることについて合理的な理
　　由があると認められる労働者

　②には、次の３つの要件をすべて満たす16歳以上の同居の家
族（６親等以内の血族及び３親等以内の姻族）がある労働者が
該当します。

　ア　深夜に就業していない、または深夜に就業しているが、
　　　その所定就業日数が月３日以下であること

　イ　負傷、疾病、身体上もしくは精神上の障害により、子の
　　　保育・対象家族の介護が困難でないこと

　ウ　６週間以内に出産する予定か、または産後８週間を経過
　　　していない者でないこと

　③については、㋐１週間の所定労働日数が２日以下の労働者、
㋑所定労働時間の全部が深夜にある労働者（つまり、常夜勤務

者）――が該当します。

　前記①～③の労働者については、原則として適用が除外されているため、適用除外とするための労使協定の締結は必要ありません。

　ご質問のように、現在、深夜シフトのある交替制勤務に従事している男性の労働者については、交替制勤務者であっても常夜勤者ではありませんから、前記(1)、(2)のいずれかに該当する場合であって、かつ、前記の適用除外者に該当しない場合には、本人から請求があれば、深夜のシフトに就かせることはできません。

　なお、制度の適用を請求する場合には、労働者は、制度の適用開始予定日の1カ月前までに、請求しなければなりません。

　この場合、1回の請求については、1カ月以上6カ月以内の期間でなければなりません。

　ただし、請求の回数に制限はありませんから、労働者は前記(1)、(2)のいずれかに該当する限り、同じ子の養育あるいは同じ家族の介護を理由に何度でも請求を繰り返すことが可能とされています。

---

### 16歳の者を2交替勤務の遅番のみに 就かせられるか

**Q33** 　当社は、今春に中学校を卒業した16歳の者（仮にA（男性））を雇い入れました。この者の研修期間がもうすぐ終わり、実際の勤務に就かせることになります。

　ところで、当社の勤務体制は、2交替勤務となっており、Aについては、遅番（午後3時から午後11時まで）の勤務に就いてもらおうと考えています。しかし18歳未満の年少者には、深夜業の規制があると聞いたのですが、Aについては、遅番のみの勤務に就かせることができないのでしょうか。

......................................................

## A 　遅番のみの勤務に就かせることはできない

　ご指摘のとおり、労働基準法第61条では、年少者に対する深夜業についての規制を定めています。

　具体的には、満18歳未満の労働者については、午後10時から午前5時までの深夜の時間帯に使用してはならないとされています。

　しかし、同条ただし書きにおいて、「交替制によつて使用する満16歳以上の男性については、この限りでない」として、交替制によって勤務させる場合には、深夜の時間帯であっても、

満16歳以上の男性に限り、使用することが許されています。

　ここでいう交替制とは、「同一労働者が一定期日ごとに昼間勤務と夜間勤務とに交替につく勤務の態様をいうものである」とされています（昭23・7・5　基発第971号、昭63・3・14基発第150号）。

　つまり、労働者にとって、昼勤と夜勤とが一定期間ごとに交替で行われる場合については、夜勤による体力の消耗を昼勤によって回復することができると考えられることから、18歳未満であっても、16歳以上の男性に限り、例外として深夜業に従事させてもよいとしているわけです。

　したがって、貴社の場合も、Aさんが一定期間ごとに早番と遅番とを交互に勤務する形であれば、Aさんを遅番の勤務にも就けることが可能といえます。しかし、ご質問のようにAさんを遅番の勤務にだけ就けることはできません。

　また、同条第3項では、「交替制によつて労働させる事業」については、所轄労働基準監督署長の許可を受けた場合に限り、午後10時30分まで労働させることができるとしています。

　ここでいう「交替制によつて労働させる事業」の「交替制」とは、事業全体として交替制をとっている場合を意味するとされています。

　たとえば、工場などにおいて、実働8時間、休憩45分としている場合、深夜業に30分の例外を認めれば、深夜の時間帯をはずして2交替制で勤務形態を組むことができるということから設けられたものであり、深夜の時間帯すべてに勤務させること

ができるわけではありません。

　したがって、Ａさんを深夜の勤務に就かせようとする場合には、昼の勤務と一定期間ごとに交替で勤務させるか、所轄労働基準監督署長の許可を受け、終業時刻を午後10時30分までに変更して対応させるかのどちらかになるといえるでしょう。

　なお、農林、畜産、養蚕、水産の事業及び電話交換の業務については、年少者の深夜業に関する規制が適用されないため、年少者であっても深夜の時間帯に勤務させることが可能となっています。

## 労働者のカウントでパートどうする

**Q34** 労働者数のカウントの仕方についておたずねしたいのですが、たとえば２カ月を雇用期間として雇い入れているパートタイム労働者などの場合、労働者数に含めて計算すべきなのでしょうか。

また、数名については関連企業に在籍のまま出向しているのですが、この出向者、さらには、たとえば休職している労働者がいるような場合はどうなるのでしょう。併せてご教示頂ければ、幸いです。

## A 常時使用していれば当然に含める

労働基準法は、労働者を１人でも使用していれば法の適用があることから、労働者数をどうカウントするかということはそれほど大きな問題とはいえないのですが、労働基準法第89条に基づく就業規則の作成・届出の義務、同法第40条に基づく労働時間の特例などにおいては、労働者の数によって法の適用が異なってきます。

そして、これらの規定では労働者数について必ず「常時○○人」といった法条文または政省令条文となっていることから、労働基準法の適用にあたって労働者数をカウントする場合には、「常時当該事業場に使用されている労働者の数」として考えればよ

いわけです。

　さて、そこでこの「常時」をどう考えるかというのが問題になりますが、「常時」とは法文解釈上、常態として雇用されている労働者数を意味しているものであり、たとえば就業規則の作成・届出に関しての「常時10人以上」でいえば、正社員は8人であっても、他のパートタイム労働者が3人いて、その3人は人が入れ替わることはあっても通年的に雇用されているという状態であれば、常時11人の労働者を使用しているということで、就業規則の作成・届出義務があることになります。

　通達では「常時使用する労働者数の判断」について「法第138条の『常時使用する労働者の数』は、当該事業主の通常の状況によって判断されるものであること。臨時的に労働者を雇い入れた場合、臨時的に欠員を生じた場合等については変動したものとして取り扱わないものであること。」と示しています。（平21・5・29 基発0529001号）。

　つまり、ご質問にある2カ月を雇用期間とするパートタイム労働者を数に含めるか否かについては、そのパートタイム労働者がその2カ月間だけ雇用されるのであれば数に含めなくてもよいのですが、2カ月経過した時点で雇用期間が延長されたり契約が更新されることが予定されていたり、また他のパートタイム労働者を雇い入れることが予想されたりして、一定の数が通年的に雇用されているのであれば、数に含める必要があります。

　なお、休職者や出向者についてですが、休職者の場合は、当該事業所の就業規則の休職に関する規定に基づいて休職してい

るわけであり、考え方としては少々長い休暇をとっている者がいるようなものですから、労働者数から除くことは適当ではありません。

　一方、出向者にあっては、移籍出向と在籍出向とがありますが、前者については出向元に在籍して出向元にはいないわけですので出向元の労働者数にカウントする必要はありませんが、後者については、現に出向先事業場が労働の場であるとしても出向元の労働者という性格も併せ有しているわけであり、やはり出向元、出向先の労働者としてもカウントすることが必要と考えられます。

# 第2章

# 在宅勤務
# （テレワーク）

〔弁護士・外井浩志（外井(TOI)・鹿野法律事務所）〕

## Q35 テレワークには雇用型と自営型があるということですが、どのような差異があるのですか

　雇用型テレワークは、在宅勤務以外にもサテライトオフィス勤務やモバイル勤務があるということですが、どのような形態ですか。

**A** 雇用型は雇用契約関係にある場合、自営型は請負・業務委託・委任関係にある場合をいう。
サテライトオフィスは、自宅と本来の事業場の中継基地のような勤務場所をいい、モバイル勤務とは一定の場所を決めずにノートパソコン、スマートフォンなどを持って自由な場所で勤務する形態をいう。

（1）　テレワークの契約類型

　テレワークとは、その本来の事業場で就労するのではなく、その本来の事業場とは離れた場所で勤務するという就労形態であり、契約類型で分類すれば、雇用型テレワークと自営型テレワークに区分できます。

　雇用型は事業者と雇用契約関係にある者が行う場合で、自営型は事業者と請負・業務委託・委任関係にある者が行う場合です。

＊㋑
P1
2

＊㋑「テレワークの適切な導入及び実施の推進のためのガイドライン」該当ページ

## 3つの雇用型テレワーク

① 自宅勤務

② サテライトオフィス勤務

自宅

本社　中間地　オフィス　自宅

③ モバイル勤務

いずれの形態にも
メリットと
デメリットが

雇用型では在宅勤務、サテライトオフィス勤務、
モバイル勤務がある

　いずれも事業者の本来の事業場以外の場所で勤務するわけで
あり、その事業者の直接の指揮命令下で勤務するわけではない
ので、その就労形態からすれば、必ずしも雇用（労働）契約で
ある必要はなく、請負・業務委託・委任契約形態であってもよ
いと思われます。その意味では、テレワークは、労働者に限らず、
他の請負人、業務受託者、受任者にとっても親しむ形態と言え
ます。そのため、テレワークには、雇用型テレワークと独立し
た自営業者である自営型テレワークに分けることができます。
　ただし、ここでは、雇用（労働）契約関係に立つ社員（労働
者）にとっての雇用型テレワークについての法律的な問題や労
務管理について検討することになります。

⑵　テレワークの分類

　雇用型テレワークには、①在宅勤務、②サテライトオフィス勤務、③モバイル勤務に分類できます。

　①在宅勤務とは、労働者が自宅で業務を行う場合です。

　②サテライトオフィス勤務とは、本来の事業場以外での中継基地のような勤務場所を設けてそこで勤務する形態を言います。例えば、東京の霞ヶ関を本来の事業場（勤務場所）とした場合に、ターミナル駅の池袋、新宿、渋谷、立川などの駅近くにオフィスを借りて、その沿線に住む社員が何人か集まって、そのオフィスで勤務する形態を言います。

　③モバイル勤務とは、一定の勤務場所を決めずに、ノートパソコン、スマートフォン等を活用して臨機応変に、勤務場所を選択して業務を行う場合を言います。

⑶　それぞれのメリット、デメリット

　この３つの形態にも、それぞれ、メリットとデメリットがあります。

①　自宅勤務の場合

　自宅勤務は、通勤をしなくて良い、家族との時間が持てる、育児や介護と両立できるというメリットはありますが、他方で自宅で業務ができるだけの環境を整えなければならない事になりますし、家族がいる場合、特に幼い子どもがいる場合には、なかなか業務に集中できないことになるので、そのために不規則な生活を強いられることにもなります。

②　サテライトオフィスの場合

サテライトオフィス勤務は、自宅と本来の勤務場所の中間に、別のオフィスを借りることになりますが、自宅よりも業務に打ち込みやすいというメリットはありますし、通勤の時間が節約でき疲労も軽くてすむというメリットもあります。しかしながら、やはりそのオフィスを賃貸するのに費用がかかりますし、机、テーブル等、電話、ファックス、ITネットワークの整備、事務用品の調達などの準備をしなければなりません。また、結局は、本来の勤務場所でない自宅以外の中間の勤務場所にすぎないということになります。

③　モバイル勤務の場合

　モバイル勤務は、一定の勤務場所が無く、その都度、適当な場所で業務を行うというものです。働き方に拘束感がなく柔軟であり、費用が安くてすむというのがメリットです。他方で、勤務場所が決まっていないので本人との連絡が取りにくいこと、秘密や個人情報の管理が不徹底で漏れるおそれがあること、継続してまとまった仕事ができるのか疑問であること等がデメリットといえます。

## Q36　テレワークの功罪は

　テレワークは、良い面と、不便で利用しづらい面とがあると聞いていますが、どのような点ですか。

. . . . . . . . . . . . . . . . . . . . . . . . . . . . . . . . . . . . . . . . . . . . .

㋕
P1

**A　テレワークのメリットは通勤時間がなくなり、育児・介護と両立できること、オフィスの経費が削減できること等が挙げられる。デメリットは同僚との意思疎通ができにくいこと、長時間労働になりやすいこと等が挙げられる。**

⑴　テレワークのメリット

　テレワークには、労働者側と使用者側のそれぞれの立場から次のようなメリットがあると言われています。

①　労働者側のメリット

　労働者側としては、ワークライフバランスの観点からすると、次のⅰ〜ⅲの大きなメリットがあると言えます。

　ⅰ　通勤時間がなくなること（又は短くなること）

　　　起床時刻を遅らせることができるので睡眠時間が増大すること

　　　通勤ラッシュによる身体的負担が軽減されること

　ⅱ　業務の効率化

　　　職場内外の事務・行事等から解放されることによる業務への集中が可能となること、また、それによる残業が削減

されること

iii　育児・介護と仕事の充実が両立すること

② 使用者側のメリット

　使用者側のメリットとしては、次のi～vが掲げられます。

　i　オフィスの経費の削減

　　勤務するスペースを削減することができ、また、備品の
　レンタルを受けていた場合のレンタル料金の削減、事務用
　品の削減、電気代、電話代、水道代などの事務所や備品の
　経費の削減等が可能となること

　ii　通勤費が削減されること

　iii　業務の効率化による生産性の向上

　　必ずしも業務が効率的になるとは言えない場合も多いと
　は思われますが、個々人がそれぞれの分担された業務を行
　うに際しては効率化すると思われること

　iv　育児・家族の介護を理由にする労働者の離職が防止でき
　ること

　v　遠隔地からの人材を確保できること

　　通勤が困難であるが優秀な人材を確保するためには有効
　な方法であると考えられます。

(2)　テレワークのデメリット

　他方で次のようなデメリットが指摘されています。

① 労働者側からのデメリット

　次のi～ivのデメリットがあると指摘されています。

　i　業務とそれ以外の切り分けが難しいこと

　　ⅱ　長時間労働になりやすいこと

　　ⅲ　指導を仰ぎたいときに指導を受けにくいこと

　　ⅳ　同僚との意思の疎通が取れないこと

②　使用者側からのデメリット

　次のⅰ～ⅲのデメリットがあると指摘されています。

　　ⅰ　労働者の業務の進捗状況が把握しづらいこと

　　ⅱ　情報セキュリティの確保が難しいこと

　　ⅲ　意思疎通が難しいこと

　デメリットというか、テレワークの最大の問題は、労働時間の管理が難しいということでしょう。この点はQ39、Q40、Q41で触れます。

**テレワークを行う労働者について、労働条件の明示や就業規則の適用について注意しなければならないことはありますか**

. . . . . . . . . . . . . . . . . . . . . . . . . . . . . . . . . . . . . . . . . . . . . . . . . . . . . . . . . . . . . . .

**A** **使用者は、労働条件明示書等により就労場所について許可する場所を明示する必要がある。テレワークの場合の労働時間や勤務形態については就業規則で定める必要がある。**

　テレワークを行う労働者についても、他の労働者と同じように労働条件を明示し（労基法15条）、就業規則を作成して適用すること（労基法89条）は必要です。

　特に、これまで事業場のある場所で勤務していた社員がテレワークを命じられた場合には、就業場所が変更され、さらには労働時間についても扱い方法が変更される可能性があり、変更がなされるのであれば、労働条件の明示や就業規則の変更が必要な場合があります。

(1) 労働条件の明示

　テレワークガイドラインでも、次のように述べて、労働条件の明示が必要であるとされています。

「5（3）労働条件の明示

　　使用者は、労働契約を締結する際、労働者に対し、就業の場所に関する事項等を明示することとなっており（労働基準

法第15条、労働基準法施行規則……第5条第1項第1号の3）、労働者に対し就業の開始日からテレワークを行わせることとする場合には、就業の場所として（2）の「使用者が許可する場所」も含め自宅やサテライトオフィスなど、テレワークを行う場所を明示する必要がある。

　また、労働者が就労の開始後にテレワークを行うことを予定している場合には、使用者は、テレワークを行うことが可能である場所を明示しておくことが望ましい。」

と述べています。

⑵　就業規則の整備

テレワークに関しても、できれば、就業規則において、労働時間や勤務形態などについて定めておくことは望ましいと言えます。

　この点は、ガイドラインの5（2）において、次のように述べられています。

「（2）就業規則の整備

　テレワークを円滑に実施するためには、使用者は労使で協議して策定したテレワークのルールを就業規則に定め、労働者に適切に周知することが望ましい。

　テレワークを行う場所について、労働者が専らモバイル勤務をする場合や、いわゆる「ワーケーション」の場合など、労働者の都合に合わせて柔軟に選択することができる場合には、使用者の許可基準を示した上で、「使用者が許可する場所」においてテレワークが可能である旨を定めておくことが考え

られる。

　なお、テレワークを行う場所の如何に関わらず．テレワークを行う労働者の属する事業場がある都道府県の最低賃金が適用されることに留意する必要がある。」

⑶　労働条件の変更の場合

　テレワークを実施する場合には、元々の契約で予定されていた勤務場所や業務遂行方法、労働時間の管理の方法等の変更が必要となる場合があります。その変更は場合によっては、労働条件の変更として取り扱わなければならない場合もあり得ます。

　この点についても、ガイドラインは5（4）で次のように述べています。

「（4）労働条件の変更

　労働契約や就業規則において定められている勤務場所や業務遂行方法の範囲を超えて使用者が労働者にテレワークを行わせる場合には、労働者本人の合意を得た上での労働契約の変更が必要であること（労働者本人の合意を得ずに労働条件の変更を行う場合には、労働者の受ける不利益の程度等に照らして合理的なものと認められる就業規則の変更及び周知によることが必要であること）に留意する必要がある（労働契約法……第8条〜第11条）。」

　特に、労働条件の不利益な変更にならないか否か、不利益に該当すると思われる場合にはその合理性が求められるので、慎重な対応が必要な場合があります。

## Q38 テレワークの対象にならない業務にはどのようなものがありますか

**A** テレワークができないと考えられている業種・事業・業務であっても、管理職の意識の転換や業務遂行の見直しを行うことによって、テレワークを行うことが可能になる。

⑴　テレワークに親しまない業務

　元々全くテレワークに親しまない業務も存在することは事実であり、例えば、タクシー・トラックの運転手や、工場・建設現場の作業員、ビルの清掃作業の作業員などの実際の作業現場に行って作業することが不可欠な業務は、テレワークではやることはできないし、無意味でしょう。

⑵　テレワークのできない業種

　しかしながら、本来の事業所でのその労働者の行っている業務態様ではテレワークを行うにはふさわしくない場合であっても、その業種全体がテレワークは無理であるということにならないと言えます。例えば、建設業であってもその部門によってはテレワークが可能な分野もあると思われます。例えば設計部門や人事総務・経理部門などではテレワークは不可能ではないでしょう。さらに業態を変更することによって、テレワークを実施できるように工夫できる場合は考えられます。

　確かに、本来の事業場で行っている場合に、そのやり方であ

部門によってはテレワーク可能

建設業でも

経理・人事部門

設計部門

業務によっては営業部門も

資料作成

テレワークに親しまない業務でも部門によっては
テレワーク可能

れば到底テレワークとして実施できないとしても、その作業の
一部のみ抜き出すとか、その作業方法を変えることによって実
施できる場合も有り得ます。例えば、営業の業務は、実際にお
客先を回って営業して結果を挙げるという一連の行為について
はテレワークではできないかもしれませんが、自宅から客先に
連絡して予約を入れたり、お客の苦情や要望を聞くことはでき
ますし、営業報告をまとめて作成したり、営業方針・営業戦略
をまとめるレポートを作成したり、営業結果の統計作業を行っ
たりする作業は自宅でもできるでしょう。

(3) ガイドラインの立場

　その点は、ガイドラインでも次のように述べています。

「例えば、いわゆるエッセンシャルワーカーなどが従事する業

務等、その性格上テレワークを実施することが難しい業種・職種があると考えられるが、一般にテレワークを実施することが難しいと考えられる業種・職種であっても個別の業務によっては実施できる場合があり、必ずしもそれまでの業務の在り方を前提にテレワークの対象業務を選定するのではなく、仕事内容の本質的な見直しを行うことが有用な場合がある。テレワークに向かないと安易に結論づけるのではなく、管理職側の意識を変えることや、業務遂行の方法の見直しを検討することが望ましい。なお、オフィスに出勤する労働者のみに業務が偏らないよう、留意することが必要である。」

　また、このガイドラインの元になった令和2年12月25日に出された「これからのテレワークでの働き方に関する検討会報告書」では、「テレワークに適さない業種なのでテレワークは行わないと安易に結論づけるのではなく、経営者側の意識を変えることや、業務の見直しを検討することが望ましい。」と述べています。

　その他に、テレワークの対象となる雇用形態とそうでない雇用形態が発生する可能性があるため、ガイドラインでは、労働者の間での公平感にも注意して、「雇用形態にかかわらず、業務等の要因により、企業内でテレワークを実施できる者に偏りが生じてしまう場合においては、労働者間で納得感を得られるよう、テレワークを実施する者の優先順位やテレワークを行う頻度等について、あらかじめ労使で十分に話し合うことが望ましい。」と述べています。

## Q39 雇用型テレワークの場合、労働時間の把握はどのようにして行うのですか

. . . . . . . . . . . . . . . . . . . . . . . . . . . . . . . . . . . . . . . . . . . . . . . . . . . . . . . . . . . . . .

**A** 労働時間の把握には、情報通信機器の使用時間、入退場の記録できる場合の入退場の記録、労働者の自己申告などがあるが、事業場外のみなし労働時間やフレックスタイム制の適用も検討すべきである。

　テレワークの場合には、労働者が使用者の直接的な指揮命令下にいないわけであり、その意味で、労働時間の把握は労務管理の最大の課題です。使用者は、労働者の労働時間を適切に把握して管理する責任を有しており、テレワークも例外でありません。

(1)　ガイドラインの基本的な立場

　ガイドラインでは、念のためということですが、テレワークの労働者について労働関係法令の適用があることを明言しています。すなわち、ガイドラインの「5（1）労働基準関係法令の適用」において、「労働基準法上の労働者においては、テレワークを行う場合においても、労働基準法、最低賃金法……、労働安全衛生法、……、労働者災害補償保険法……等の労働関係法令が適用される。」と述べています。

　そのため、テレワークの労働者についても、労基法の労働時間の規制及び、労働時間を管理するのは使用者ですが、しかし

ガ
P6
5
(1)

145

ながら、テレワークの場合、在宅勤務やモバイル勤務ではタイムカードやICカードによる管理は無理であり、また、在宅勤務、サテライトオフィス勤務、モバイル勤務のいずれでも「上司による」現認による時間管理の方法は無理であって、他の方法での労働時間の管理を考えねばなりません。

　この点については、元々の労働時間の管理については、「労働時間の適正な把握のために使用者が講ずべき措置に関するガイドライン」（平成29年1月20日基発0120第3号、以下「適正把握ガイドライン」といいます。）があり、それに即した対応が必要になります。

⑵　ガイドラインの具体的な内容

　この最新のテレワークガイドラインは、この点について次のように述べています。

「ア　客観的な記録による把握

　　適正把握ガイドラインにおいては、使用者が労働時間を把握する原則的な方法として、パソコンの使用時間の記録等の客観的な記録を基礎として、始業及び終業の時刻を確認すること等が挙げられている。情報通信機器やサテライトオフィスを使用しており、その記録が労働者の始業及び終業の時刻を反映している場合には、客観性を確保しつつ、労務管理を簡便に行う方法として、次の対応が考えられる。

①　労働者がテレワークに使用する情報通信機器の使用時間の記録等により、労働時間を把握すること

②　使用者が労働者の入退場の記録を把握することができ

ガ P10 7 ⑵ 労働時間の把握

146

るサテライトオフィスにおいてテレワークを行う場合に
は、サテライトオフィスへの入退場の記録等により労働
時間を把握すること
イ　労働者の自己申告による把握
　テレワークにおいて、情報通信機器を使用していたとし
ても、その使用時間の記録が労働者の始業及び終業の時刻
を反映できないような場合も考えられる。
　このような場合には、労働者の自己申告により労働時間
を把握することが考えられるが、その場合、使用者は、
①　労働者に対して労働時間の実態を記録し、適正に自己
　申告を行うことなどについて十分な説明を行うことや、
　実際に労働時間を管理する者に対して、自己申告制の適
　正な運用等について十分な説明を行うこと
②　労働者からの自己申告による把握した労働時間が実際
　の労働時間と合致しているか否かについて、パソコンの
　使用状況など客観的な事実と、自己申告された始業・終
　業時刻との間に著しい乖離があることを把握した場合に
　は、所要の労働時間の補正をすること
③　自己申告できる時間外労働の時間数に上限を設けるな
　ど、労働者による労働時間の適正な申告を阻害する措置
　を講じてはならないこと
などの措置を講ずる必要がある。」
(3)　テレワークにおける労働時間管理方法の選択
　テレワークにおける労働時間の管理の方法についても、法律

や規則は何も決めていないのであり、各社各様、合理的な方法を検討して決定していけばよいことになります。ただ、過重労働の規制、時間外労働の削減等の観点から労働時間の管理については、行政は極めて厳格な対応を迫ってくるものと考えられ、テレワークであっても、物理的な管理ができるかのような対応を求めてくる傾向にあるといっても過言ではないでしょう。

　しかしながら、テレワークは、単にコロナ対策ではなく、労働者の業務の多様化、IT化等に伴って、労働形態の根本的な見直しの過程での「雇用」から「請負・業務委託・委任」への過渡的な形態という意味もあるのであって、雇用だからとにかく厳密に労働時間管理をしなければならないというものではなく、もっと緩やかで自由な労働形態でもよいのではないかと思われます。そのため、みなし労働時間制やフレックスタイム制が適合するのではないかと考えます。その意味で、企業側に余りに厳格な労働時間の管理を求めることは、そもそも無理である上に、業務の仕方について非常に窮屈なものにしてしまうのではないかと考えます。

## Q40 テレワークの場合の労働時間の把握は

　テレワークの場合の労働時間の把握について種々の方法が考えられますが、どのような方法によることが妥当と考えられますか。

........................................

**A** **どのような方法で労働時間を把握すべきなのかは、労使で協議をして妥当で働きやすい把握の仕方を検討するべきである。**

　テレワークの場合の労働時間の把握の方法については、Q39で解説したとおり、色々な方法が考えられますが、どれでなければならないということはなく、各使用者がそれぞれの事業場またはテレワークの現場において、ふさわしい方法を考え出せばよいということになります。

　テレワークの場合、現実には使用者がいない場面で、どれだけ正確に労働時間を把握するかという要請と、それによる弊害とを検討しなくてはなりません。

### ⑴　テレワークにおける労働時間把握の必要性

　労働時間を管理するという目的は、できるだけ正確に把握してそれに応じた賃金をきちんと支払うこと、さぼりや働き過ぎをなくして労働者間の公平と健康を確保することにあると思われますが、他方で、テレワークで厳格に労働時間を把握することでは、極端に言えば、パソコンで勤務時間中は常に事業場と

㋕
P9
7
⑴
テレワークにおける労働時間監理の考え方

149

の交信を継続して録画をしておくということにもなりかねず、プライバシーをなくし、柔軟な働き方を阻害することになりかねません。誰しも、自分の仕事をしている姿をずっと、逐一、上司や会社が監視できるとすれば、気分の良いものではないでしょう。本来の事業場においても、仮に、その始業から終業まで各労働者の勤務状況をビデオ等で記録されて、使用者は必要に応じてチェックできるという方法が採用されるとすれば、労働者は不愉快と考えるのではないでしょうか。

　労働時間を基準として給料をもらうのだから労働者は窮屈さを忍従すべきであるという議論もあり得るとは思いますが、勤務時間中、すべての言動を録画されているとすれば、窮屈な感覚は否めず、プライバシーが守られず、自由がないと感じるのは当然でしょう。

　その意味では、労働時間の管理の仕方としては、労働者にとって負担にならない程度の働きやすさも重要な要素になると思います。

(2)　時間管理の合理的な方法の検討

　テレワークの場合には、新しい勤務形態であるだけに、その時間の管理の仕方に職場にコンセンサスというものが形成されてはいないことが多いので、一応は労働時間の管理の方法は使用者が決めて良いことにはなりますが、労働者側の意見も聴取した上で、合理的な方法を模索し、就業規則の記載事項ではないとしても、行動基準やマニュアルのようなものを作成しておくと良いと考えます。

## Q41 テレワークの場合、中抜け時間、勤務時間の一部についてテレワークを行う場合の移動時間についてどのように取り扱うべきでしょうか

**A** 使用者が中抜け時間を逐一把握するか否かは使用者の裁量に任される。また、一部テレワークの場合の移動時間は原則は休憩時間として取り扱うことができる。

(1) 中抜け時間

① 問題点

　中抜け時間は、通常の勤務であれば、欠勤・早退時間、半日単位の年次有給休暇、時間単位の年次有給休暇（労基法39条4項）として取り扱われ、欠勤・早退時間は賃金カットされるのを原則とします。ところがテレワークの場合には、元々、それぞれの自宅等で、直接は管理者による指揮命令下に置かれずにそれぞれの判断で自由に勤務しているわけであり、たとえ中抜けしたとしても、その分は戻ってきてから働けばすみ、実際には他の労働者に対して迷惑を掛けることは少なく、職場秩序を乱すということも考えにくいことです。その意味では、テレワークの場合には、中抜け時間も、例えばフレックスタイム制を適用して一定のルールの下で認めてよいという考え方もあり得ます。

② ガイドラインの内容

ガ<br>
P11<br>
7<br>
(4)<br>
ア<br>
中抜け時間

テレワークの場合の

**中抜け時間**　　　**移動時間**

報告で中抜け時間を把握

報告

把握

急な出社要請

この移動時間は労働時間！

中抜け時間は労働者からの報告で把握してもよい。急な呼び出しの移動時間は、労働時間として取り扱う

　ガイドラインでも、この中抜け時間については、「テレワークに際しては、一定程度労働者が業務から離れる時間が生じることが考えられる。」とし、「このような中抜け時間については、労働基準法上、使用者は把握することとしても、把握せずに始業及び終業の時刻のみを把握することとしても、いずれでもよい。」と述べており、かなり柔軟な取扱いを認める姿勢を示しています。

ガイドラインは「テレワーク中の中抜け時間を把握する場合、その方法として、例えば1日の終業時に、労働者から報告させることが考えられる。」と述べています。これは、労働者から中抜け時間をその日の終業時に報告させてその時間を労働時間から控除するというもので、事後の報告でよいというものです。

その他にも、ガイドラインは、①、②の方法を紹介しています。

「①　中抜け時間を把握する場合には、休憩時間として取り
　　扱い終業時刻を繰り下げたり、時間単位の年次有給休暇
　　として取り扱う

　②　中抜け時間を把握しない場合には、始業及び終業の時刻
　　の間の時間について、休憩時間を除き労働時間として取り
　　扱う

ことなどが考えられる。

　　これらの中抜け時間の取扱いについては、あらかじめ使用
者が就業規則等において定めておく事が重要である。」

㋕
P12

　この①の方法は中抜け時間を把握して、きちんと、その時間
を把握して不足分を終業時刻を過ぎて補わせるか、有給休暇を
使って補填しようという方法です。②の方法は、一々中抜け時
間を把握せず、始業終業時刻を労働者の裁量に委ねて、中抜け
時間の清算をしないという方法です。

(2)　移動時間

㋕
P12
7
(4)
イ

　次に、勤務時間の一部についてテレワークを行う際の移動時
間について検討してみましょう。

　午前中に自宅等で在宅勤務を行い、午後から本来の事業所に
出勤して業務を行う場合に、その移動時間をどう見るかという
問題ですが、この点についてはQ49でも述べているとおりです
が、ガイドラインでは次のように述べています。

「こうした場合の就業場所間の移動時間について、労働者によ
　る自由利用が保障されている時間については、休憩時間とし

　て取り扱う事が考えられる。」

　他方、急な呼び出しにより本来の事業場に向かう場合は別の扱いになっています。

「一方で、例えば、テレワーク中の労働者に対して、使用者が具体的な業務のために急きょオフィスへの出勤を求めた場合など、使用者が労働者に対し業務に従事するために必要な就業場所間の移動を命じ、その間の自由利用が保障されていない場合の移動時間は、労働時間に該当する。」

と述べています。

**A** 事業場外労働のみなし労働時間制はテレワークにも適用可能であるが、情報通信機器が常時通信可能な状態にあり、使用者が随時具体的な指示を行いうる場合には、適用できない。

(1) みなし労働時間制とは

みなし労働時間制は、労働者が実際に働いた労働時間ではなく、就業規則や労使協定、労使委員会の決議によって定めた時間を労働したものとみなす時間制のことを言います。このみなし労働時間制は、実際に労働した時間が何時間であろうと、それと異なる労働時間を、労働時間として取り扱ってよいという制度であり、労働者側の反証を許さないということになります。

現在ある制度としては、①事業場外労働（労基法38条の2）、②専門業務型裁量労働制（同法38条の3）、③企画業務型裁量労働制（同法38条の4）がありますが、ここでは、テレワークに最も関係のある「事業場外労働」の場合について検討します。

(2) テレワークへの適用

事業場外労働とは、「労働時間の全部又は一部について事業場外で業務に従事した場合」で、「労働時間を算定し難いとき」を言います（労基法38条の2第1項）。テレワークの場合どうなるのかということですが、在宅勤務の場合の自宅、サテライ

㋕
P8
6
(2)
ウ

155

トオフィスの場合のそのオフィスは事業場ではないのかという議論も無論ありますが、その労働者が本来所属している企業の事業場からすれば、事業場ではないので、事業場外労働とみることは可能です。問題は、自宅やサテライトオフィスで労働時間の算定ができるのかできないのかという事が問題となりますが、ケースバイケースであり、一概に結論は出せないものと思われます。

⑶　「情報通信技術を利用した事業場外勤務の適切な導入及び実施のためのガイドライン」（平成30年２月）

　　厚労省の「情報通信技術を利用した事業場外勤務の適切な導入及び実施のためのガイドライン」（２の（２）のイの（イ））によると、「テレワークにより、労働者が労働時間の全部又は一部について事業場外で業務に従事した場合において、使用者の具体的な指揮命令が及ばず、労働時間を算定することが困難なときは、労働基準法第38条の２で規定する事業場外労働のみなし労働時間制（以下「事業場外みなし労働時間制」という。）が適用される。」として、テレワークにも事業場外労働が適用されうることを認めています。

⑷　テレワークガイドラインの内容

　　この「情報通信技術を利用した事業場外勤務の適切な導入及び実施のためのガイドライン」の内容は、概ね、改定されたテレワークガイドライン（令和３年３月）に引き継がれています。それによると、次のように述べています。

　　「テレワークにおいて、次の①②をいずれも満たす場合には、

制度を適用することができる。

① 情報通信機器が、使用者の指示により常時通信可能な状態におくこととされていないこと

　この解釈については、以下の場合については、いずれも①を満たすと認められ、情報通信機器を労働者が所持していることのみをもって、制度が適用されないことはない。

・ 勤務時間中に、労働者が自分の意思で通信回線自体を切断することができる場合

・ 勤務時間中は通信回線自体の切断はできず、使用者の指示は情報通信機器を用いて行われるが、労働者が情報通信機器から自分の意思で離れることができ、応答のタイミングを労働者が判断することができる場合

・ 会社支給の携帯電話等を所持していても、その応答を行うか否か、又は折り返しのタイミングについて労働者において判断できる場合

② 随時使用者の具体的な指示に基づいて業務を行っていないこと

　以下の場合については②を満たすと認められる。

・ 使用者の指示が、業務の目的、目標、期限等の基本的事項にとどまり、一日のスケジュール（作業内容とそれを行う時間等）をあらかじめ決めるなど作業量や作業の時期、方法等を具体的に特定するものではない場合」

(5) テレワークガイドラインの視点

　このガイドラインを見ると、逆に言えば、労働者が通信回線

自体を切断することができず、使用者から労働者に対して、情報通信機器を用いて随時具体的指示を行うことが可能な状態である場合で、使用者による具体的な指揮監督がある場合には、労働時間の算定が可能であるために、みなし労働時間制は適用されないことになります。

　また、ガイドラインでは、留意点として、「……必要に応じて、実態に合ったみなし時間となっているか労使で確認し、使用者はその結果に応じて業務量等を見直すこと」と述べています。

## Q43 テレワークでもフレックスタイム制、裁量労働、高度プロフェッショナル制度の適用は認められますか

**A** テレワークにも、フレックスタイム制、裁量労働制、高度プロフェッショナル制度のいずれも適用されるが、無論、それぞれの制度適用の要件を充足する必要がある。

テレワークも労働ですから、いずれの労働時間制の適用も可能であるということになります。

(1)　フレックスタイム制

フレックスタイム制とは、労働者の自主性を尊重した自由な勤務制度で、あらかじめ始業終業時刻を決めずに労働者の判断に委ねることとし、使用者としては、一定期間（清算期間）の総労働時間数で労働時間の管理をする制度です（労基法32条の3）。

この点は、最新のガイドラインにおいても「テレワークになじみやすい制度」として、次のように述べられています。

「特に、テレワークには、働く場所の柔軟な活用を可能とすることにより、例えば次のように、労働者にとって仕事と生活の調和を図ることが可能となるといったメリットがあるものであり、フレックスタイム制を活用することによって、労働者にとって仕事と生活の調和に最大限資することが可能にな

⑰
P8
6
(2)
イ

159

る。

- 　在宅勤務の場合に、労働者の生活サイクルに合わせて、始業及び終業の時刻を柔軟に調整することや、オフィス勤務の日は労働時間を長く、一方で在宅勤務の日は労働時間を短くして家庭生活に充てる時間を増やすといった運用が可能

- 　一定程度労働者が業務から離れる中抜け時間についても、労働者自らの判断により、その時間分その日の終業時刻を遅くしたり、清算期間の範囲内で他の労働日において労働時間を調整したりすることが可能

- 　テレワークを行う日についてはコアタイム（労働者が労働しなければならない時間帯）を設けず、オフィスへの出勤を求める必要がある日・時間についてはコアタイムを設けておくなど、企業の実情に応じた柔軟な取扱いも可能」

　また、ガイドラインはその留意点として、「……使用者は労働者の労働時間については、適切に把握すること」と述べています。

　元々フレックスタイム制は、労働者についての性善説に立っており、何時に出てきて何時に帰ってもよいという制度であり（しかも、テレワークで基本的には一人で勤務してもよいのでコアタイムという考え方は殆ど採用しがたいと思われます）、その制度を濫用して業務を行っていないのに行っているようなことを行う労働者のいることは想定しておりません。

## (2) 裁量労働制・高度プロフェッショナル制度

　裁量労働制には、専門業務型裁量労働制（労基法38条の3）と企画業務型裁量労働制（同法38条の4）があります。それらを適用するには種々の要件を満たさなければならないことになりますが、例えば、専門業務型裁量労働制の場合には労使協定の締結と届出、企画業務型裁量労働制の場合には労使委員会の5分の4以上の賛成による決議と届出が必要です。

　高度プロフェッショナル制度は、働き方改革の中で制度化され（労基法41条の2）、平成30年4月1日より施行されていますが、時間ではなく成果で評価される働き方を希望する労働者のニーズに応えるために一定の年収要件（1075万円以上）、職務の範囲が明確で高度な職業能力を有する労働者を対象として、長時間労働を防止しつつ、時間外・休日労働に関する協定の締結や時間外・休日・深夜の割増賃金の支払義務を免除した労働時間制度ですが、これについても労使委員会等で委員の5分の4以上の多数による議決について決議した場合に実施できる制度です。この制度によると、労働時間の算定の必要はないわけですが、健康管理時間という概念を設けてその把握をすること、健康・福祉確保措置を行うことなど健康管理を重視した制度です。

　裁量労働制・高度プロフェッショナル制の適用につき、ガイドラインは、「……業務遂行の方法、時間等について労働者の自由な選択に委ねることを可能とする制度である。これらの制度の対象労働者について、テレワークの実施を認めていくこと

により、労働する場所についても労働者の自由な選択に委ねて
いくことが考えられる。」と述べています。

　また、ガイドラインは、裁量労働の場合の留意点について、「裁
量労働制が適用される場合には、必要に応じて、業務量が過大
又は期限の設定が不適切で労働者から時間配分の決定に関する
裁量が事実上失われていないか、みなし時間と当該業務の遂行
に必要とされる時間とに乖離がないか等について労使で確認し、
使用者はその結果に応じて業務量等を見直すこと」と述べてい
ます。

　裁量労働制の適用については、そもそも対象業務について、
専門業務型の場合には19業種に限定されており、さらに労使協
定の締結が必要になっておりますし、企画業務型の場合には企
画・立案・調査・分析で労使委員会の決議で5分の4以上で可
決されることが要件になっており、かなり対象業務が限定され
ています。

　また、高度プロフェッショナル制度の場合には、やはり年収
要件や労使委員会での5分の4以上の可決等の要件があります。

　テレワークにおいて、裁量労働制や高度プロフェッショナル
制度を利用しようとする場合には、それらの適用要件を満たす
ことは当然の前提となります。

## Q44 テレワークでも時間外労働や 休日労働には三六協定は必要ですか

**A** テレワークを行う労働者についても、時間外労働 や休日労働があれば三六協定の締結と届出は必要 である。

　使用者は、労働者に法定の労働時間を超えて労働させる場合、 または、法定の休日に労働させる場合には、あらかじめその事 業場において、労働者の過半数で組織する労働組合がある場合 にはその労働組合、それがなければ過半数を代表する者との書 面による協定（三六協定）を締結して、これを所轄労働基準監 督署長に届け出ることが必要です（労基法36条1項）。

### ⑴　テレワークの時間外・休日労働

　テレワークの場合の労働時間も、それが労働者である以上は、 労基法でいう法定労働時間の規制が適用されるのは当然であっ て、その例外ではありません。即ち、1週40時間、1日8時間 を超える場合が時間外労働であり、1週1日、4週4日の法定 休日に労働させるのが休日労働です。その時間外労働・休日労 働をさせるためには時間外労働・休日労働協定、通称「三六協 定」を締結し届出することが必要となります。

　その上で、時間外労働をさせた場合には、通常の労働時間の 計算額の2割5分以上5割以下の範囲内において、それぞれ政 令で定める率以上の率で計算した割増賃金を支払わなければな

⑦
P12
7
⑷
エ

163

通常の勤務と同様の手続が必要

りません。原則は2割5分増ですが1月60時間超の場合には5割増になります（中小企業は、2023年4月から適用）。休日労働については3割5分増です。深夜に労働した場合には深夜労働に係る割増賃金の支払が必要となり（労基法37条1項、4項）、その場合はさらに2割5分増となります。

(2) テレワークの場合の増加傾向

　テレワークでは、現実の労務管理は行き届かない事が多く事業場の施設の閉館時間や電車の時刻にも気にしないでよく、そのため事業場の業務に比べて不規則となり、また、多くの時間外労働が発生する可能性があります。

　特に自宅の場合には、勤務日と休日の区別が曖昧になり、休日に普段の勤務を行ってしまうこともあります。そのため、違

法な時間外労働、休日労働にならないように特に気をつける必要があり、その意味ではあらかじめ三六協定を締結して周知し、テレワーク対象者には特に念入りに記憶させておくと良いでしょう。

(3) テレワークの場合の労働時間の管理の難しさ

　そもそもテレワークを行う場合には、実際にどれだけの時間労働したとして取り扱うのかなかなか難しいという問題があります。そもそも、労働時間の把握が困難な面は否定できません。まず、使用者としては、その労働時間の把握の1つの方法として、その労働者に対して、業務に要した時間を日報等に正確に記載・記録させることが重要でしょう。その日報等を作成、報告させることによりその労働者の労働時間の状況の適切な把握に努め、必要に応じて労働時間や業務内容等について見直すことが望ましいでしょう。また、時間外労働をいたずらに増やさないためには、事前事後の報告・指導が必要になります。労働者の時間外・休日労働を行う必要がある場合には事前に届出をさせて使用者による許可を必要とし、かつ、時間外・休日労働を行った実績については事後に使用者に報告させて監督するという取扱いを継続して行うことが必要となります。

## Q 45　テレワークの場合の長時間労働対策はどうなりますか

**A** テレワークは、労働者が一人で勤務するために長時間労働、不規則勤務、深夜労働に陥りやすいため、メール送付の抑制やシステムへのアクセス制限などの措置の検討が必要となる。

テレワークの場合、元々は業務の効率化等に伴い、時間外労働の削減が期待される反面、労働者が使用者との離れた場所で直接の指揮命令を受けずに勤務するために、かえって労働時間が長くなる傾向があると指摘されています。

(1)　長時間労働の傾向

長時間労働は、使用者にとっては、時間外労働手当、休日労働手当、深夜手当等の負担が増え経済的な負担が大きくなり、他方で労働者にとっては長時間労働や深夜勤務などの不規則な勤務による疲労の蓄積などから健康を害する可能性が大きくなって健康障害になるリスクが大きくなります。

そのため、テレワークにおいてもできるだけ長時間労働を防ぐという観点から、その防止策を立てなければなりません。特に基本的に1人で業務を行うことになるため、歯止めが効かなくなるおそれがあり、その点は要注意ということになります。

(2)　ガイドラインの定める長時間労働防止の具体策

この具体的な対策として、ガイドラインは、次の（ア）〜（オ）

㋕
P127
(4)
オ

のような具体的な対策を挙げています。

　（ア）　メール送付の抑制等

　（イ）　システムへのアクセス制限

　（ウ）　時間外・休日・所定外深夜労働についての手続

　（エ）　長時間労働等を行う労働者への注意喚起

　（オ）　その他としての勤務間インターバル

　以下、紹介しましょう。

## (3)　メール送付の制限

　役職者、上司、同僚、部下等から時間外等にメールを送付することの自粛を命ずることが有効であると述べています。

　また、そのための方策として、「メールのみならず電話等での方法によるものも含め、時間外等における業務の指示や報告の在り方について、業務上の必要性、指示や報告が行われた場合の労働者の対応の要否等について、各事業場の実情に応じ、使用者がルールを設けることも考えられる。」と述べています。

## (4)　システムへのアクセス制限

　テレワークを行う際には、社内システムに外部のパソコン等からアクセスする形態をとる場合が多いので、「所定外深夜・休日は事前に許可を得ない限りアクセスできないよう使用者が設定することが有効である。」と述べています。

## (5)　時間外・休日・所定外深夜労働についての手続

　時間外・休日・所定外深夜労働を原則禁止にするとか、使用者による許可制にする等の手続を、「使用者が、テレワークにおける時間外等の労働に関して、一定の時間帯や時間数の設定

を行う場合があること、時間外等の労働を行う場合の手続等を就業規則等に明記しておくことや、テレワークを行う労働者に対して、書面等により明示しておくことが有効である。」と述べています。

(6)　**長時間労働等を行う労働者への注意喚起**

また、テレワークにより長時間労働が生じるおそれのある労働者や、休日・所定外深夜労働が生じた労働者に対しては、注意喚起を行うことが有効であると述べています。その上でガイドラインは「具体的には、管理者が労働時間の記録を踏まえて行う方法や、労務管理のシステムを活用して対象者に自動で警告を表示するような方法が考えられる。」と述べています。

(7)　その他

その他として、ガイドラインは、「このほか、勤務間インターバル制度はテレワークにおいても長時間労働を抑制するための手段の一つとして考えられ、この制度を利用することも考えられる。」と述べています。

勤務間インターバルは、働き方改革の法制化の際に、労働時間設定改善法で、努力義務として位置づけられています（同法2条）。

＊
(エ)

＊
(オ)

**A** テレワークにも労基法の災害補償の規定や労災保険法は適用される。私生活によるものか、業務によるものかの判断が難しい場合が考えられる。

(1) 労基法の災害補償と労災保険法の適用

　テレワークを行う労働者にとっては、労基法の適用があるので、使用者は業務上災害については、労基法75条以下に定めている災害補償責任があります。労基法75条1項は、「労働者が業務上負傷し、又は疾病にかかつた場合においては、使用者は、その費用で必要な療養を行い、又は必要な療養の費用を負担しなければならない。」と定めています。

　また、業務上災害の補償は、実際には労災保険による保険の支給により実施されます。そして、その場合には、使用者は補償の責めを免れることになります（労基法84条1項。「この法律に規定する災害補償の事由について、労働者災害補償保険法……又は厚生労働省令で指定する法令に基づいてこの法律の災害補償に相当する給付が行なわれるべきものである場合おいては、使用者は、補償の責を免れる。」）。

(2) 業務上災害の場合

　この業務上の負傷・疾病、死亡と言えるかについては2つの要件があります。1つが、業務遂行性であり、他の1つが業務

起因性です。

　業務遂行性とは、労働者が労働契約に基づいて使用者の支配下にある状態の下で発生するということです。

　業務起因性とは、業務と負傷・疾病・死亡などとの間に一定の因果関係があることを言います。

⑶　通勤途上災害

　そのほかに、通勤途上災害があり、これは、労働基準法の定める災害補償の対象外ですが、労災保険では業務災害と同じように補償の対象となります。労災保険法では、「通勤」とは、労働者が「住居と就業の場所との間の往復」の移動により行うこととされ（法7条2項）、通勤途上での災害であることと通勤起因性（通勤に通常伴う危険の発現）が必要となります。

⑷　テレワークの場合の適用

①　私生活が原因の場合との区別

　テレワーク、特に在宅勤務を行っている労働者の場合、負傷した場合にそれが業務上の事故なのか、それとも私生活上の事故なのか、なかなか判断が難しい場合もあると考えられます。例えば、仕事をやっていて、トイレに行くために席を離れて転倒して骨折した場合が考えられます。その他にも、育児・介護のために腰を痛めた場合にそれは私生活上の負傷・疾病ですが、労働者側がその事を隠していたら、なかなか私生活上の行為が原因であることは判明せず、業務上災害になるかもしれません。

②　通勤災害となるか否か

　サテライトオフィスの場合には、その場所が自宅ではないの

で、私生活と業務との関係が判然と区別できないことは少ないとは思われます。

　ただし、サテライトオフィスの場合には通勤災害になるかどうかが問題となり得る場合はあるでしょう。というのは、労働者の自宅（A）から本来の事業場（B）に行く方向とサテライトオフィス（C）の方向が異なる場合には、通勤災害になるか否か判断が難しい場合が生じ得ます。つまり、AからB、AからCへの移動は通常は通勤途上と評価してよいでしょうが、労働者が主観的には遊びや私生活のためにCの方向へ移動した途中で交通事故にあって死亡した場合に通勤災害と言えるかどうか、また、休日に労働者がCの方向へ移動途中に交通事故で死亡した場合に、通勤災害と言えるかどうかは、労働者本人が死亡して主観的にどう考えて移動していたかがわからない以上は、なかなか判断がつかないでしょう。その意味で、テレワークの場合には、当日は本来の事業場（B）に行く予定なのか、サテライトオフィス（C）に行く予定なのか、また、休日に出勤する予定はあるのか等はあらかじめ明確に報告させて指示しておかなければなりません。

　また、次のような場合も考えられます。当初、サテライトオフィス（C）に行く予定であったところ、本人が急に本来の事業場（B）に行く用事を思い出し、急に方向を転換して（C→B）本来の事業場に向かおうとして別の路線を使って移動する途中で事故にあって死亡したような場合には、C→Bは、通常の通勤ルートではなく、業務のために移動していると認められ

る通勤災害とは認められない場合もあり得るでしょう。

③　過労死・過労自殺などの場合

　また、過労死や過労自殺などとの関係では、特に在宅勤務の場合に、どの程度働いていたのか、労働時間の把握が極めて重要になるわけですが、ガイドラインの「9」では、「使用者は……労働時間の把握において、情報通信機器の使用状況などの客観的な記録や労働者から申告された時間の記録を適切に保存するとともに、労働者が負傷した場合の災害発生状況等について、使用者や医療機関等が正確に把握できるよう、当該状況等を可能な限り記録しておくことを労働者に対して周知させることが望ましい。」と述べています。

　労働者が、1人で勤務していた場合に、どの程度の時間就労していたのかを明らかにすることは困難ですが、できる限り、客観的な証拠を残すように工夫しなければなりません。

## Q47　休憩時間はどのように 与えればよいのですか

**A** 休憩時間は一斉付与の原則の適用があり、サテラ イトオフィス勤務の場合は労使協定の締結の必要 がある。

(1)　休憩についての規制――一斉休憩

　休憩時間は、原則として労働者に同じ時間帯に一斉に付与す る必要があります（労基法34条2項、一斉付与の原則）。労働 時間が6時間を超える場合には少なくとも45分、8時間を超え る場合には少なくとも60分を与えなければなりません（労基法 34条1項）。

　この一斉休憩は、元々同一事業場での労働者を対象にして、 他の労働者に気兼ねすることなく休憩がとれるようにするため であると理解されており、自宅勤務の場合やモバイル勤務の場 合には、一斉付与の原則は無意味で、なぜなら、労働者は1人 で、一斉休憩を付与する対象がいないわけですから当然のこと ですが、後述するように念のために労使協定は締結しておくべ きでしょう。

(2)　一斉休憩の例外

　例外には2つあります。

①　業種による適用除外の場合

　この一斉付与の原則の適用除外の1つに、業種によって適用

⑰
P12
7
(4)
ウ

テレワークでの休憩時間

基本として労使協定で決めておく

連絡待ちが生じる時間は労働時間

電話

メール

待機

原則は一斉休憩だが、念のために労使協定を締結しておくべき

除外されている場合があります。

　その業種は、顧客、取引先などのために事業場が全員休憩になると公共的に見て不便となる業種であり、運送事業、販売・理容の事業、金融・保険の事業、映画・演劇・興業の事業、郵便・電信・電話の事業、保健衛生の事業、旅館・料理店・娯楽業の事業、官公署とされています（労基法施行規則31条）。

② 　労使協定に定める場合

　例外の2つ目としては労使協定による場合であり、届出は不要です（労基法34条2項）。その労使協定では、①一斉に休憩を与えない労働者の範囲、②一斉に休憩を与えない場合の労働者に対する休憩の与え方を定めなければなりません。

　在宅勤務の場合やモバイル勤務の場合には、1人で勤務して

いる以上は一斉休憩の原則の適用は無いとも言えるところではありますが、念のために、一斉休憩を除外する労使協定を締結しておくべきでしょう。また、サテライトオフィスの勤務の場合には何名かの労働者が同じオフィスで勤務しているわけであり、一斉に休憩を与えないようにするには、労使協定を締結しなければならないと考えられます。

(3)　手待ち時間

　使用者からの指示により即時に対応するべき待機時間は、手待ち時間といって、使用者の指揮命令下で拘束されている時間となります。テレワークの場合でも、例えば、使用者からの電話やファックスや電子メールなどを待って業務にとりかからなければならない場合には、その電話、ファックス、電子メールなどが来るのを待っている時間は労働時間であって、休憩時間ではありません。

(4)　勤務時間の一部でテレワークを行う移動時間

　例えば、午前中だけは自宅やサテライトオフィスで勤務した後、午後からは本来の事業場での勤務を行う場合に、その移動する時間はどうなるのかという問題ですが、Q41でも既に解説しています。通常の通勤時間や出張時の移動時間と同様の取扱いができるわけであり、その移動中に一定の業務の報告または指示を受けることを義務づけられている場合以外は、拘束された時間ではなく労働時間とは言えず、休憩時間として取り扱うことができます。

　この点は、出張中の休日に関する通達（昭和23年３月17日基

発461号、昭和33年2月13日基発90号）があり、それによると「出張中の休日はその日に旅行する等の場合であつても、旅行中における物品の監視等別段の指示がある場合の外は休日労働として取扱わなくても差し支えない。」と述べているところと共通します。

　また、ガイドラインでは急な呼び出しにより本来の事業場に向かう場合は、その移動時間を労働時間と述べています。

⑸　中抜け時間

　1人で勤務しており、短時間（45分以内、60分以内）で終了する場合には休憩時間として取り扱うことは可能でしょう。

　しかし、45分、60分内に収まらずに、それを超えて職場を離脱するのに休憩時間として取扱うのは難しいでしょう。

　その時間についてどのように取扱うのかは検討の余地があります。既にQ41でも解説していますが、改めて、Q48で検討します。

## Q48 勤務時間中に私生活の用事を行わなければならなくなったときはどうすべきですか

勤務時間中に介護している親や育児中の幼児を病院に連れて行くことが必要になったときにはどうすべきですか。

......................................................

**A** 中抜け時間をどのように取り扱うのか、その取扱いを検討するべきであるが、みなし労働時間制やフレックスタイム制を適用して対応する方法もある。

(1) 私生活上の中抜け時間の取扱い

これも通常の勤務の場合と考え方は同じですが、テレワークの場合にはより柔軟に考えることができないのかという問題です。

まずテレワークでない場合を考えます。

勤務時間中は、職務専念義務があり、私生活上の用事をすることは原則禁止されます。もし、勤務時間中に私生活の用事が入りどうしてもそれを行わなければならないときには、事前に使用者に対して、欠勤、遅刻・早退の届けをして許可をもらうか、あるいは年次有給休暇をとらなくてはなりません。その用事が事前には判明していない場合には、勤務時間の終了まで我慢するか、それが無理のときは、使用者に申し出て欠勤、遅刻、早退の届けをして許可をもらわなければなりません。この場合

㋕
P11
7
(4)
ア

に年次有給休暇を取得できないかという問題がありますが、休暇は事前申請が原則であり、事後申請については使用者は法的には認める義務はありません。

　出勤する直前に家庭の用事が入って出勤できないので休みたいと申し出られても、使用者としては、代わりの労働者を配置しなればならない場合も考えられ、そうだとすると、その代替要員の配置のためには遅くとも前の労働日の終了時間までには休暇の申請をしてもらう必要があるのです。

(2)　テレワークの特殊性

　次に、テレワークの場合を考えてみましょう。

　テレワークの場合も考え方は基本的に同じであり、テレワークといえども勤務時間中は職務に専念する義務があるのであって、自由に家庭の用事を行って良いわけではないのです。ただし、テレワークの特殊性としては、多少勤務から離れたとしても使用者に発覚しないであろうということ、厳密な時間管理をしていない場合であれば多少勤務から離れたとしても労働者の義務違反として取り扱わなくてもよいのではないかという考えもあるということです。

　確かに、労働者としての立場としては、例えば、子どもが熱を出したので近所の小児科の診療所に連れて行き2時間くらい勤務を抜けるという場合には、欠勤、遅刻、早退をするか、年次有給休暇（時間単位休暇、半日単位の休暇など）を取得するというのが本来のあるべき姿勢でしょう。しかし厳密に言うと事後申請にならざるを得ないので休暇申請は認められません。

そうすると、そのような場合でも欠勤、遅刻、早退として賃金カットの対象となります。そうするのが本来の労務管理であると思われます。

　しかし、果たしてそのような管理の方法を採るのが妥当な方法であるのかというと大いに疑問を感じます。

　自宅でテレワークをしていて、緊急の必要性のある業務を行っている場合は例外として、要は、明確な締め切りのない業務を仕上げればよいという場合に、2時間くらい抜けたからといって、それが終了した後に仕事に戻って2時間の空白を埋める業務を行った場合に職場秩序を乱されたとして非違行為として非難され、場合によっては懲戒処分にするのが果たして妥当なのかという考え方もあり得るでしょう。この点はQ41でも解説しましたが、ガイドラインでも「7（4）」において中抜け時間の取り扱いにつき、「①中抜け時間を把握する場合には、休憩時間として取り扱い終業時刻を繰下げたり、時間単位の年次有給休暇として取り扱う、②中抜け時間を把握しない場合には、始業及び終業の時刻の間の時間について、休憩時間を除き労働時間として取り扱う」と述べているように、厳格な取扱いを求めてはいないように思われます。

　私見を述べれば、厳密な労働時間の管理をしなければならない必要性がある場合は別として、テレワークの場合には、事業場外のみなし労働時間制を採用するか、フレックスタイム制を採用するのが好ましいのではないかと考えています。この場合に、フレックスタイム制を採れば、抜けた分は他の時間帯に業

務を行えばその欠務の部分を取り戻すことができ、問題ありませんし、みなし労働時間制の場合には、労働者がその時間管理システムを濫用しないという信頼の下に適用しているものであって、その抜けた部分はその労働者は埋め合わせの労働をするであろうと信用してよいということです。もし、その労働者がそれを濫用して業務を抜けることが頻繁であれば、厳密な管理の実労働時間制を適用することにすればよいと考えます。

## Q49 勤務時間の一部について テレワークを行う場合に時間の管理は どのようにするのですか

. . . . . . . . . . . . . . . . . . . . . . . . . . . . . . . . . . . . . . . . . . . . . . . . . . . . . . . . . . . . . . . . .

**A** 事業場における労働時間とテレワーク先の労働時間を通算する。事業場とテレワーク先の往復の時間を労働時間とするのか、休憩時間するのかにつき、取扱いを決めておくべきである。

　既に、Q41、Q47で回答しましたが、少し詳しく解説します。少し場合を分けて検討してみましょう。

⑴　午前中だけは自宅やサテライトオフィスで勤務した後、午後からは本来の事業場での勤務を行う場合

カ
P12
7
⑷
イ

　午前のテレワークの時間を把握し、午後からの本来の事業場での労働時間を加算することになります。その間の移動する時間はどうなるのかという問題ですが、通常の通勤時間や出張時の移動時間と同様の取扱いができるわけであり、その移動中に一定の業務の報告または指示を受けることを義務づけられている場合以外は、拘束された時間ではなく労働時間とは言えず、休憩時間として取り扱うことができます。この点は、出張中の休日に関する通達（昭和23年３月17日基発461号、昭和33年２月13日基発90号）があり、それによると「出張中の休日はその日に旅行する等の場合であつても、旅行中における物品の監視等別段の指示がある場合の外は休日労働として取扱わなくても

181

差し支えない。」と述べているところと共通します。

(2)　出張の場合の移動時間との対比

　朝夕の往復の通勤時間は労働時間ではないことは明らかですが、日常の往復時間とは異なるのはそれが勤務時間の途中にあることです。

　例えば、営業マンが、事業場から30分かけて電車と徒歩でA社に営業をし、それが終わって、電車と徒歩で20分程移動してB社に行って営業し、さらに、B社での営業が終わってから20分かけて電車と徒歩で移動して元々の事業場に戻ってきた場合には、この事業場からA社への30分、A社からB社への20分、B社から事業場までの20分はその間は業務はやっていないので休憩時間と同じであるとして70分を労働時間から控除してよいのかというとどうでしょうか。確かに、電車で移動したり、歩行することは本来の業務とは違いますし、その移動以外のことを求められてはいないので前述の通達による考え方からすると労働時間ではないことになりますが、実際には、その時間について労働時間ではないとして控除している企業は存在しないでしょう。

　それとの対比では、自宅から事業場までの移動時間は、出張先から事業場までの移動時間として労働時間とする考え方も有り得ると思われます。休憩時間として労働時間扱いにしないかそれとも労働時間にするかどちらの解釈もできると思われ、その扱いは就業規則等で明確にしておくべきでしょう。

(3)　事業場に出勤してから、自宅に戻ってテレワークを行う場
　　合

　この場合も事業場で勤務した労働時間とテレワークで自宅で
働いた時間とを合算すること自体を労働時間とするのは当然で
すし、自宅から事業場に出勤する時間を通勤時間として労働時
間と取り扱わないことは一応問題ないと言えるでしょう。

　ところが、事業場からテレワーク先である自宅に戻る場合の
時間を休憩時間として労働時間から控除できるかどうかという
問題があります。

　これも事業場からテレワーク先である自宅へ戻る場合に、事
業場からA社、A社からB社、B社から事業場への移動時間を
労働時間とすべきか否かは理論的には明確でないのと同様に、
労働時間になるという考え方も有り得ると言えます。この点、
自宅に戻るのであるから休憩時間とするのは当たり前という意
見が多そうですが、では、テレワーク先がサテライトオフィス
であったらどうでしょうか。

　事業場からサテライトオフィスへ行き、更にサテライトオフィ
スから自宅に戻る場合に、サテライトオフィスから自宅に戻る
のは通勤時間で労働時間ではなく、事業場からサテライトオフィ
スに行くとすれば出張先に赴く時間と同様に労働時間として把
握するのが本筋ではないかと思われます。とすると、事業場か
らテレワーク先の自宅に戻る時間も労働時間にする考え方もあ
りそうです。

　いずれにせよ、細かいことではありますが、休憩時間とする

のか労働時間とするのか就業規則においてどのように取り扱う
か否かはあらかじめ、定めておくべきでしょう。

. . . . . . . . . . . . . . . . . . . . . . . . . . . . . . . . . . . . . . . . . . . . . . . . . . . . . . . . . . . . . .

**A** 年次有給休暇の取得の方法は通常と変わらないが、中抜け時間について休暇を半日休暇、時間単位休暇と細切れ的に使うのがよいのか、それを認めるのか等につき、就業規則で取扱いを明確にするべきである。

(1) 年次有給休暇の仕組み

テレワークについても、年次有給休暇の使用については、通常の事業場勤務の労働者との差異はありません。

6か月継続勤務で10日、その後は継続1年勤務で11日、12日、14日、16日、18日、20日と年次有給休暇は発生し（労基法39条1項、2項）、労働者はその使用の目的にかかわらず、事前の申請をすれば、その労働日の労働義務は免除されます。使用者がその指定された労働日に休暇を取らせないためには、事業の正常な運営を妨げることを理由とする時季変更権の行使が必要です（労基法39条5項）。

(2) テレワークの場合の特殊性

テレワークの場合の特殊性は、そのテレワークの時間は使用者からの具体的な指揮命令下での業務ではないし、また、特に在宅勤務の場合には、子どもや要介護の祖父母等と一緒に生活している場合には細々としたことで、勤務から離脱する、離脱

㋕
P11
7
(4)
ア

185

テレワークの年次有給休暇をどうする？

あらかじめ検討して就業規則化が必要！

就業規則で申請手続規定化を

　せざるを得ない場合が考えられるため、その際に厳密に年次有給休暇を取得しなければならないかということです。

　確かに、Q48でも解説した子どもが急に熱を出して2時間程度抜けるときに、年休を申請した場合に使用者としてはそれを受理しなくてはならないのかというと、事前申請が大前提であり、使用者にはその義務はないことになり、その労働者は欠勤、職場離脱として賃金カットの対象になります。しかし、具体的処理としては、それで果たして妥当なのかというと疑問を感じざるを得ません。

　テレワークで、黙って抜けても使用者には殆ど発覚しないにもかかわらず、休暇を申請する真面目な労働者に対して、それを認めないというような硬直的な取扱いでよいのかということ

も問題となります。一方で、黙って中抜けしてその時間分は戻って来て就労すればよいのだから、それでもよいという考え方もあります。

(3)　休暇の細切れ取得の可否

　そのような休暇を細切れ的に使う取扱いを認めると、育児休業や介護休業・介護休暇取得中のように、ひっきりなしに休暇の申請や、時間単位の休暇申請が堂々と行われてしまい、本来であればテレワークではなく、育児休業、介護休業・休暇の申請をすべき労働者がテレワークで休業せずに就労を続けるという事態にもつながりかねないことになります。真面目な労働者はきちんと休暇を申請してきてそれを認めれば休暇が減少してしまうのですが、それが本来の休暇の使用方法として妥当かというと疑問が生じるところです。

(4)　就業規則化の必要性

　このように、テレワーク中の休暇の取得については、会社としてどのような取扱いにするのかについて、あらかじめ検討しておき、場合によっては就業規則化しておくことが必要でしょう。

　これらの意味もあって、私は、テレワークの場合の労働時間制度としては、みなし労働時間制か、フレックスタイム制を適用するのが望ましいと考えます。

　育児・介護などのための細切れ的な有給休暇の使用の仕方は本来の年次有給休暇の趣旨からいっても望ましいものではないでしょう。

## Q 51 テレワークにおける使用者の行うべき安全衛生措置 ─過重労働とメンタルヘルス─にはどのようなものがありますか

. . . . . . . . . . . . . . . . . . . . . . . . . . . . . . . . . . . . . . . . . . . . . . . . . . . . . . . . . . .

**A** テレワークにおいても、労働安全衛生法の定める健康を守るべき措置は適用される。テレワークの場所には事務所規則は適用されないが、事務所規則の定める衛生環境の規制については同等になるように配慮するべきである。

(ガ)
P14
8
(1)

**(1)　法令の適用**

　テレワークを行う労働者を雇用している事業者にも、当然、労働安全衛生法は適用されます。

　労働安全衛生法等の関係法令等においては、安全衛生体制を確立し、職場における労働者の安全と健康を確保するために必要な具体的措置をとることを求めており、自宅などにおいても、事業者は、それが労務を提供する場所として定める以上は、安全衛生法等により労働者の安全と衛生の確保のための措置を講ずる必要があります。

**(2)　具体的措置**

　労働安全衛生法で労働者の健康を守るべき措置を定めているのは具体的には、以下のような内容です。

①　健康相談を行うことができる体制の整備（同法13条の3）

② 労働者を雇い入れたとき又は作業内容を変更したときの安全又は衛生のための教育（法59条）

③ 必要な健康診断の実施とその結果等を受けた措置（法66条〜法66条の7）

健康診断の実施（法66条）、自発的健康診断の結果提出（法66条の2）、結果についての記録の保存（法66条の3）、医師・歯科医師等からの意見聴取（法66条の4）、就業場所の変更その他の就労上の適切な措置（法66条の5）、健康診断の結果につき労働者への通知（法66条の6）、保健指導（法66条の7）

④ 過重労働による健康障害を防止するための長時間労働に対する医師による面接指導とその結果等を受けた措置（法66条の8〜法66条の9）、面接指導の適切な実施のための労働時間の状況の把握（法66条の8の3）、面接指導の適切な実施のための時間外・休日労働時間の算定と産業医への情報提供（労働安全衛生規則52条の2）

⑤ ストレスチェックとその結果を受けた措置（法66条の10）

⑥ 労働者に対する健康教育及び健康相談その他労働者の健康の保持増進を図るための必要な措置（法69条）

なお、ガイドラインはこれらの①〜⑥の措置を実施する際に、必要に応じて、情報通信機器を用いてオンラインで実施することも有効であると述べています。

(3) 自宅等でテレワークを行う際のメンタルヘルス対策の留意点

ガイドラインでは、テレワークでは、周囲に上司や同僚がい

ガ
P15
8
(2)

ない環境で働くことになるために、上司等とのコミュニケーションがとりにくく、上司等が労働者の心身の変調に気づきにくい状況になる場合が多いとして、ガイドライン添付のチェックリスト（略）を活用する等により、健康相談体制の整備や、コミュニケーションの活性化のための措置を取ることが望ましいとしています。

　また、ガイドラインは、事業場におけるメンタルヘルス対策に関する計画である「心の健康づくり計画」（労働者の心の健康の保持増進のための指針（平成18年3月策定、平成27年11月30日改訂））について、「テレワークにより生じやすい状況を念頭に置いたメンタルヘルス対策についても衛生委員会等による調査審議も含め労使による話し合いを踏まえた上で記載し、計画的に取り組むことが望ましい。」と述べています。

(4)　自宅等でのテレワークを行う際の作業環境整備の留意点

⑦
P15
8
(3)

　テレワークは、労働者の自宅等、使用者が業務のために提供している作業場以外である場合には、事務所衛生基準規則（以下「事務所規則」という）や労働安全衛生規則、さらには、「情報機器作業における労働衛生管理のためのガイドライン（令和元年7月12日基発0712第3号）」は一般には適用されないとされますが、その上で、「安全衛生に配慮したテレワークが実施されるよう、これらの衛生基準と同等の作業環境になるよう、事業者はテレワークを行う労働者に教育・助言等を行い、別紙2（略）の『自宅等においてテレワークを行う際の作業環境を確認するためのチェックリスト（労働者用)』を活用すること

等により、自宅等の作業環境に関する状況の報告を求めるとともに、必要な場合には、労使が協力して改善を図る又は自宅以外の場所（サテライトオフィス等）の活用を検討することが重要である。」と述べています。

　特に、事務所規則はテレワークとされる作業場所には一般には適用されないとされますが、事務所規則は、事務作業に従事する労働者が使用する事務所内の気積、換気、温度、照度、騒音・振動、給水、排水、清掃の実施、便所、休憩設備、洗面設備、睡眠又は仮眠の設備、休養室等の一定の規制について定めており、ガイドラインではこれらの規制についてテレワークの場合も同等となるようにするべきであると述べているのです。

　テレワークが常態化すると、労働者の健康の問題は自己管理になりがちですが、それが労働者の健康問題である以上は、使用者が責任を負うべき重大な課題として、使用者が常に配慮すべき事柄になるのです。

## Q52 テレワーク実施者の業務評価はどうするべきでしょうか

**A** テレワークは、使用者と非対面の働き方であるため、テレワーク従事者が、そうでない労働者に対して不利にならないように、使用者は評価方法を工夫する必要がある。

⑦
P4
⑴
人事評価
制度

**⑴　業績評価を使用する場面**

　業績評価は、様々な場面で使われるものと思われます。例えば、年1回の昇給、年2回夏冬の賞与、昇進昇格、その他にも、研修の対象者、配転・転勤・出向の際の選別にも使われることがあります。さらには、人員整理のための選別基準、退職勧奨のための選別基準にも使われることがあります。

**⑵　テレワーク労働者に対する業績評価の留意点**

　テレワーク実施者のための業績評価ですが、通常の業績評価と根本的な違いがあるわけではないわけですが、本来の事業場で業務を行っている場合には、上司がその直接の指揮命令下で就労させているわけなので日頃からの勤務態度、出勤状況や日常の成績・能力を把握する機会はあります。ところが、テレワークとなると、上司といえども基本的にはその場にいるわけではなく、日常は、パソコン、スマートフォン、電子メール、電話、ファックス等を介して間接的に関わるだけになり、その意味では、その社員を評価する場はかなり少なくなります。しかし、テレ

ワークの場合の評価が、それ以外の本来の事業場で就労する場合の評価より劣るとかいうことではなく、要は、評価の対象をどうするのか、評価項目ばかりではなく、評価する視点なども非常に重要になると思われます。

(3)　人事評価の難しさ

　元々、人が人を評価するということ自体が、極めて難しいことであり、何十年という人事評価の歴史の中でも、こうあるべきだ、こうでなければならないといった評価方法で一時期高く評価され確立されたものはあっても、その後は長くは続かず、未だに評価は模索の途中であると言えます。むしろ、絶対的な人事評価の方法などあり得べきもなく、常にその企業、企業があるべき人事評価制度を構築するように努力していくものなのでしょう。これが正しいという絶対的なものはないと言えます。

　ここでは、そのような人事評価の方法を模索するものではなく、通常の事業場で就労している労働者と比較する立場でテレワーク勤務労働者との業績評価という観点から検討することにします。

(4)　テレワークの労働者に対する評価の工夫

　テレワークを行っている社員が抱く不安というのは、自分たちは楽をしており一定の成果を上げない限り評価してもらえないのではないか、常に上司や評価者の側にいて、自己をPRできる方が圧倒的に有利なのではないかということです。社員の大多数でテレワークを行っている状況であればともかく、労働者の一部しかテレワークを行っていないのであれば自分は取り

残されているという疑念を持たざるを得ないでしょう。その意味では、テレワークを行っている者が不利な取扱いにならないようにするべきです。

　他方で、テレワークを行っている労働者の中でも、当然のことながら業績を上げている社員とそうでない社員とが出てくることも必然です。その意味では、テレワークを行っている労働者と行っていない労働者との公平・公正、それと、テレワークを行っている労働者間の公平・公正も考えていかなければなりません。この点については、なかなか、明確な回答は出しにくいところですが、これも人事評価が永遠の課題と言われる所以でしょう。

(5)　ガイドライン

　この点は、ガイドラインは人事評価制度について、かなり長く、労務管理上の留意点として、述べています。

　まずガイドラインは、テレワークにおける人事評価制度について、「テレワークは、非対面の働き方であるため、個々の労働者の業務遂行状況や、成果を生み出す過程で発揮される能力を把握しづらい側面があるとの指摘があるが、人事評価は、企業が労働者に対してどのような働きを求め、どう処遇に反映するかといった観点から、企業がその手法を工夫して、適切に実施することが基本である。」と一般論を述べています。その上で、どのような工夫をするべきかということについては、「例えば、上司は、部下に求める内容や水準等をあらかじめ具体的に示しておくとともに、評価対象期間中には、必要に応じてその達成

状況について労使共通の認識を持つための機会を柔軟に設ける
ことが望ましい。特に行動面や勤務意欲、態度等の情意面を評
価する企業は、評価対象となる具体的な行動等の内容や評価の
方法をあらかじめ見える化し、示すことが望ましい。

　加えて、人事評価の評価者に対しても、非対面の働き方にお
いて適正な評価を実施できるよう、評価者に対する訓練等の機
会を設ける等の工夫が考えられる。」と述べています。

　その他、ガイドラインは、何点かにわたって、このような評
価方法はよくないので注意すべきであるとの点を挙げています。
まず1点目ですが、「テレワークを実施している者に対し、時
間外、休日又は所定外深夜（以下「時間外等」という。）のメー
ル等に対応しなかったことを理由として不利益な人事評価を行
うことは適切な人事評価とはいえない。」

　さらに、2点目として、「テレワークを行う場合の評価方法を、
オフィスでの勤務の場合の評価方法と区別する際には、誰もが
テレワークを行えるようにすることを妨げないように工夫を行
うとともに、あらかじめテレワークを選択しようとする労働者
に対して当該取扱いの内容を説明することが望ましい。」

　最後に、3点目として、「（テレワークの実施頻度が労働者に
委ねられている場合などにあっては）テレワークを実施せずに
オフィスで勤務していることを理由として、オフィスに出勤し
ている労働者を高く評価すること等も、労働者がテレワークを
行おうとすることの妨げになるものであり、適切な人事評価と
はいえない。」と述べています。

## Q53 通信費や通信機器等の費用負担はどうするべきですか

**A** テレワークをすることによってかかる通信費や機器の費用の負担は、原則として使用者が負うべきであるが、労働者に負担させる場合には就業規則に定めることが必要である。

　テレワークの実施に当たっては、その社員には通信費や情報通信機器費が当然発生します。その費用は、基本的には、使用者の負担とすることになります。

(1)　要する費用の種類

　自宅勤務であれ、サテライトオフィスであれ、モバイル勤務であれ、パソコン、ファックス機器、プリンター、スマートフォンなどの情報通信機器（印刷機器）は必要不可欠であり、個人の目的の利用であれば社員個人が負担するのが当然ですが、その本来個人目的の機器であってもテレワークで業務として使用している場合には、その代金、利用料金についてはその利用相当分は使用者である会社が負担するのは当然と言えます。また、テレワーク用に情報通信機器、印刷機器を新しく揃えた場合には、その負担は使用者である会社がするべきものです。

　そのほか、電気代、電話代、ファックス代、スマートフォンの利用代、インターネットの利用代についても、社員の私的な利用料金の外に、会社の業務用の利用料金については、会社が

負担するのは当然のことです。

　また、在宅勤務でその労働者の自宅にIT用の回線がない場合には、回線の工事のための費用がかかることもあります。以上のような費用について、問題は、その負担割合をどのようにするべきかです。

(2)　費用の負担割合

　会社がテレワークを命じる以上は、そのために要する費用は使用者が負担するのは当然であり、これを労働者の負担にすることは許されません。では、その費用について労働者個人の負担と使用者の負担とをどのように分けるべきかということです。

①　利用料が増加した場合

　テレワークを実施する前から負担していた、電気代、電話・ファックス代、インターネット利用代等については、会社の業務を行うに当たって増加したのであれば理論的にはその増加額を会社が負担すべきものであると言えますが、実際にはなかなか区別するのは難しいでしょう。

②　新規の費用がかかった場合

　また、テレワークのためのインターネットの工事代金、新しい機能を備えたパソコンなどの購入などで新しく費用がかかったのであれば、それは基本的には会社が負担するべきと言えます。ただし、これもインターネットや新しいパソコンを私的に利用する場合などには、一部は労働者本人が負担するべきであるという議論も生じてきそうです。テレワークをするために行った工事であり、購入したパソコンなどは、基本的には業務用専

門にするのが筋であり、私的な利用は原則禁止するべきでしょう。私的な使用を認めた場合には、そのことによって会社の営業秘密や個人情報が漏れる事態も考えられるので、その意味でも私的な利用は慎重にするべきです。

③　費用の分割の方法

その費用を精算する場合については、理論的に分割できるものはそうするべきですが、現実には分割できない場合や、分割するための作業や手間が過大である場合には、労使で合意して割合を決めるべきでしょう。労使間の合意か、それができない場合に備えて就業規則に定めをおくとか、労働組合があれば会社と労働組合との間で労働協約を締結して負担割合を決めればよいのです。

なお、この費用を社員にすべて負担させるということは理論上は不合理なことですが、実務的にそれ程大きくない場合で精算するための時間と手間が過大になる場合には、社員に負担させて、その分は給与をアップすることで帳尻を合わせるという方法もあるものと考えます。労務の提供に要する費用をすべて使用者が持たなければならないというわけではなく（例えば、社員のスーツ購入代、ビジネスシューズの購入代、ビジネスバッグ購入代等は、いずれも業務に使うために購入するわけですが、私的な所有である以上、会社が負担しないのが普通です）、社員である労働者が負担することもあり得ます。

その場合には、就業規則に定めをおいておくことが必要です。すなわち、労基法89条5号は、「労働者に食費、作業用品そ

の他の負担をさせる定めをする場合においては、これに関する事項」と定められており、テレワークにかかる諸費用の全部または一部を社員に負担させようとする場合には、就業規則の定めが必要です。

> ## Q54 テレワークにおけるセクシュアル・ハラスメント・パワーハラスメント対策は、どのようなものでしょうか

....................................................

**A** **テレワークでも、セクシュアル・ハラスメント、パワーハラスメントは起こりうるので、使用者は、労働者の愁訴に応じて、事業場におけるのと同様の対策が必要である。**

　テレワークであれば、その労働者と日常接しているわけではないために、セクハラ・パワハラはあまり関係ないようにも思えますが、あり得ないわけではないとも思われます。

㋕
P16
10

(1)　セクシュアル・ハラスメントとは

　セクハラとは、男女雇用機会均等法11条1項で定められており、「職場において行われる性的な言動に対するその雇用する労働者の対応により当該労働者がその労働条件につき不利益を受け」（対価型）と、「当該性的な言動により当該労働者の就業環境が害されること」（環境型）があります。

(2)　パワーハラスメントとは

　これに対してパワハラは、労働施策総合推進法の改正により、「職場において行われる優越的な関係を背景とした言動であつて、業務上必要かつ相当な範囲を超えたものによりその雇用する労働者の就業環境が害される」もの（同法30条の2第1項）です。

　改正法は、すでに、大企業では2020年6月1日から施行され

## テレワークでのハラスメント

メール・SNS でのパワハラ・セクハラ！

パソコンやスマホの記録をしっかりとっておく

オフィス出勤の場合と同様に周知啓発する必要がある

ています。中小企業は2022年4月1日から適用されます。いずれも、使用者はこれらのハラスメントが行われることのないように配慮しなければならないことが義務づけられます。

(3)　ガイドラインの記載は

　　この点につき、ガイドラインでは、次のように述べています。「事業主は、職場におけるパワーハラスメント、セクシュアルハラスメント等（以下「ハラスメント」という。）の防止のための雇用管理上の措置を講じることが義務づけられており、テレワークの際にも、オフィスに出勤する働き方の場合と同様に、関係法令・関係指針に基づき、ハラスメントを行ってはならない旨を労働者に周知啓発する等、ハラスメントの防止対策を十分に講じる必要がある。」

⑷　テレワークにおけるハラスメントの特徴

　確かにテレワークであっても、電話、電子メール、Web会議などの場で、セクハラ・パワハラを行うことは可能です。例えば、電子メールで業務用の連絡をするとともに、セクハラになるような性的な文章を付け加えたり、電話でデートに誘ってみたり、さらには、パワハラに該当するような過大な叱責をしたり、パワハラに該当するような非難する文章を入れたり、発言をすることも可能です。

　事業場の職場では誰か他の者が見たり聞いたりしているためになかなか実行できないのに、テレワークでは1対1で、被害者となるべき者も1名であるために、普段よりも自由にセクハラ・パワハラがやりやすいということもあり得ます。また、テレワークでは被害者が使用者に被害を訴える機会が少ないという危惧もあります。

　また、1対1であれば、被害者が主張することと加害者が主張することと真っ向から対立することが多くなり、その意味では紛争が増えることも予想されます。そのような事がないように、パワハラ対策・セクハラ対策をきちんと指導しておくことが必要になります。

　パソコンを活用して、常時、その労働者の勤務状況を記録しておけば、その言動はすべて記録されていることになり、証拠が残ることになります。状況によっては、そのような対策を検討しておくことも必要です。

第3章

# 休憩・休日

## 休憩中のQC活動、自由利用に反するか

**Q56**　QCサークルと休憩時間の取扱いについて、つぎのケースにお答えください。

　当社では、3年前からQCサークル活動を実施しています。もちろん、自主参加が建前ですので業務中は行わず、原則として時間外に行うように指導しています。原則として、といいますのは、たとえば月1回の発表会などの直前などは、業務に支障がなければ所定労働時間中の活動も認めているからです。

　ところで、このQCサークル活動を昼の休憩時間に行っている人も結構います。あくまで、自主参加が建前といっても、まったく業務と関連のない私的なことをやっているわけではありませんので、休憩時間まで活動にあてるのは労働基準法に触れるのではないかと心配です。

## A　本人の自主参加であれば自由利用の範囲内

　労働基準法第34条は、休憩について「〔第1項〕使用者は、労働時間が6時間を超える場合においては少くとも45分、8時間を超える場合においては少くとも1時間の休憩時間を労働時間の途中に与えなければならない。〔第2項〕前項の休憩時間は、一斉に与えなければならない。ただし、当該事業場に、労働者

QC 活動 → 業務ではない

本人が選択できる自由参加であれば
休憩時に行っていても基準法には触れない

個人の
意志

QC

明示、黙示の指示がなければ、休憩時間の自由利用の
結果たまたまQC活動を行っているとも考えられる

の過半数で組織する労働組合がある場合においてはその労働組
合、労働者の過半数で組織する労働組合がない場合においては
労働者の過半数を代表する者との書面による協定があるときは、
この限りではない。〔第３項〕使用者は、第１項の休憩時間を
自由に利用させなければならない」と定めています。

　さて、ご質問の場合はQCサークルに参加するのが業務であ
るかどうか、という問題につきることになりますが、原則とし
て参加や不参加について本人が選択できる自由参加ということ
であれば、業務として取り扱わなくても構わないでしょう。

　もちろん、ご質問にもありますように、広い意味では業務と
いわざるを得ないでしょうが、使用者がその対償として賃金を
支払わなければならない労働契約上の労働でもありませんし、

明示もしくは黙示による業務命令があったとみるわけにもいきません。

　要するに、業務終了後あるいは休憩時間中に本人が自分の意思で業務に必要な行為（たとえば、仕事に関係のある本を読んでいるような場合）を行っていたとしても、必ずしも業務としてとらえる必要はないということです。

　また、制度としてきっちり休憩時間が決められている場合であって、特に上司の指示（黙示の指示も含む）もないようなケースで、たとえ本来の業務を引き続き休憩時間にまたがって行っていたとしても、法律上当然に賃金を支払わなければならない、ということもいい難いところがあります。

　この場合は、むしろ自由に休憩を利用できるのにもかかわらず、その権利を本人の意思で行使しないとみるのが妥当でしょう。

　したがって、ご質問の性格のQCサークルを休憩時間中に行っていたとしても、労働基準法第34条にいう休憩付与の事実は失わず、また「一斉付与」や「自由利用」の原則に触れるというようなことはありません。

## 日曜の研修は休日労働となるか

**Q57** 私どもは、私立の保育園を経営しています。当園では、毎年恒例として年1回1泊2日で保母さんの研修会を行っています。今年も近々、土、日曜を利用して実施する予定です。研修旅行への参加は、一応よほどの理由がない限り全員参加としています。

そこで、おたずねしたいのですが、この研修は労働時間とみなされるものでしょうか。当園では、土曜日（所定労働日）のみを労働日として扱い、日曜日（所定休日）は研修時間が短い（2時間程度）こともあって、労働日として取り扱ってはおりません。

## A 強制参加とみられれば休日労働になる

労働基準法第32条にいう「労働させる」とは、一般に労働者が使用者の指揮・監督下にあることをいい、おたずねのケースもこれにより判断することになります。したがって、使用者が実施する研修や教育についても、それが使用者の指揮・監督下にあれば業務ということになります。この点について解釈例規は、「労働者が使用者の実施する教育に参加することについて、就業規則上の制裁等の不利益取扱による出席の強制がなく自由参加のものであれば、時間外労働にはならない」（昭26・1・

20 基収第2875号）としており、参加が強制的であるか自由参加のものであるかが判断の大きなポイントといえるでしょう。

　これから判断しますと、ご質問の研修会の場合「よほどの理由がない限り全員参加」を建前としているとのことですので、やはり研修時間は労働時間となり、研修旅行も業務と考えるべきです。となりますと、貴園の所定休日の日曜日が法定休日であれば休日労働ということになり、休日労働についての労使協定の締結及び届出と35％以上の割増賃金の支払いか、就業規則に基づく振替休日の措置を講じなければなりません。

　ご質問では、「研修時間が短い」ことから日曜日については労働日としては取り扱っていないとのことですが、時間の長短で業務であるか否かの区別がつくものでは毛頭ありませんし、短時間といえども就労すれば、暦日休日制の原則から休日は与えられなかったことになります。

## 独断での接待ゴルフも休日労働とするのか

**Q58** 当社は、オフィス・コンピューターのソフト関係の会社です。先日、営業部員のSが得意先の社長と休日にゴルフに行くことを約束していることがわかり、その日の取扱いをどうすればよいものか困惑しております。

というのも、これまで営業部員が独断でいわゆる接待ゴルフめいたものを取りつけたという例はなく、今回のケースについて本人も半分は自分の趣味だといっていますので、会社としても迷っています。やはり、この場合でも代休を与えたり、費用も全額会社がみるべきなのでしょうか。

## A 会社の指示なければ労働時間ではない

一般に、接待ゴルフなどは業務命令として会社から指示されるものです。あるいは、本人が得意先とセットするような場合は、上司にあらかじめ許可を得るというケースが大半でしょう。

この場合は、ゴルフの相手をすること自体が業務となりますから、その日が労働基準法第35条に規定する毎週1回もしくは4週4日の法定休日ということであれば、当然休日労働あるいは振替休日の措置や費用の負担は会社が行うということになります。ところが、ご質問の場合はいずれでもなく、またこういう際の例（慣行）などもかつてないということですので、困惑

されるのも無理のないところといえるでしょう。

　一般には、接待ゴルフと会社が判断する前提として事業運営上の必要性があげられるでしょう。

　一定以上の経営上のプラスを見込んだうえで、接待としての会社の命令が出るわけです。ご質問のケースでは、会社の指示を仰ぐシステムがなかったからＳさんが黙っていたのか、あるいはまったく個人的な付き合いのつもりでいたのかわかりませんが、会社としても事実を知った以上、今回は事前にＳさんから相談があったものとして、取扱いを決めるしか方法はないといえます。

　この場合、Ｓさんのゴルフが業務（接待）と判断されれば前述の措置や費用の全額負担が必要となりますが、そうでない場合、たとえば本人がいうように「半分は趣味」ということでしたなら、休日の付与や費用の負担は本人と話し合って便宜的に決めればよいわけです。望ましくは、これを機会にケースを設定して、接待の基準と取扱いとを細かく決めておくべきです。基準としては、得意先の過去における取り引きの実績や将来における取り引きの見込みなどを勘案して決めるのが普通でしょう。

## 代休と振替休日どう違う

**Q59** 初歩的な質問で恐縮ですが、代休と振替休日の違いはどういうところにあるのでしょうか。これまで、当社では両者同じような意味で日常使ってきたのですが、聞くところによりますと両者には明確な差があるということです。どこに違いがあるのか、また実務上その違いがどういう差になって出てくるのか、わかりやすく教えていただけませんでしょうか。

## A　振替休日は事前に休日を他の日に変更

　労働基準法第35条は、毎週少なくとも１回の休日を与えるよう使用者に義務付けていますが、業務の都合によってはその日に勤務させる場合が往々にしてあります。この場合、一応いわゆる三六協定を結んでいればそれも可能ですが、たとえ三六協定が締結されていても、満18歳に満たない年少者については休日労働が禁止されています。こうした規制を考えて便宜上とられるのが、一般に振替休日といわれる措置です。

　すなわち、振替休日とは就業規則の規定に基づきあらかじめ休日と定められている日を通常の労働日とし、労働日となったその休日を他の日に移すことをいいます。それでは、休日勤務をした代わりに他の日を休日とする代休とどこが違うのか、と

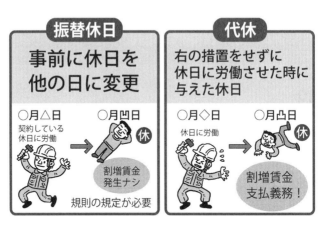

休日振替を行うには、就業規則の定めによりあらかじめ
振り替える日を特定して振り替えることが必要

いうことになりますが、確かに振替休日も代休も休日勤務を他
の日で埋め合わせているという点で、形のうえでは同じように
みえましょう。しかし、振替休日の場合は休日労働という事実
がなくなっていることにお気づきだと思います。つまり、事前
に所定休日を労働日に移し変えてしまっていますから、その日
は休日労働とはなり得ないことになるわけです。

　ところで、使用者が任意に振替休日か代休かを選択できるわ
けではもちろんありません。

　まず、振替休日とするには就業規則で、たとえば「休日は毎
日曜日とする。ただし、業務の都合により会社は他の日に振り
替えることができる」などと規定していなくてはなりません。
通達でも、「就業規則において休日を特定したとしても、別に

休日の振替を必要とする場合休日を振り替えることができる旨の規定を設け、これによつて休日を振替える前にあらかじめ振り替えるべき日を特定して振り替えた場合は、当該休日は労働日となり、休日に労働させることにならない」とし、「前記1によることなく休日に労働を行つた後にその代償としてその後の特定の労働日の労働義務を免除するいわゆる代休の場合はこれに当たらないこと」（昭23・4・19 基収第1397号、昭63・3・14 基発第150号）として、振替休日と代休の違いを明確にしています。

　また、振替えの手続きとしては、「就業規則等においてできる限り、休日振替の具体的事由と振り替えるべき日を規定することが望ましいこと」（昭23・7・5 基発第968号、昭63・3・14 基発第150号）とされています。

　以上の手続きを満たした場合は、三六協定の締結や割増賃金の支払いの必要はなく、また労働基準法第60条によって禁止されている年少者に対しても、所定の休日の日に労働させることができるわけです。これで、おわかりのことと思いますが、以上の措置を講ぜずに休日に勤務をさせて、後日代わりの休日を便宜上与えるのが代休ということになります。代休の付与によって、休日労働の事実が消えるということはなく、労使協定の義務や割増賃金を支払わなくてはならないという事実も消えません。

## 日直勤務者に代休与える義務あるか

**Q60**　日直について伺います。当社は、従業員40人の卸売業です。従業員の休日は、会社の休業日に合わせて毎週木曜日としています。ところで、休業日といっても顧客のほうから電話による注文などがきているようですので、今度休業日に日直を置くことを検討中です。しかし、日直勤務については労働基準監督署長の許可を得なければならないとのことですが、その許可の基準というものがあれば教えてください。

　また、①日直勤務者には代休を与える必要はあるのか、②日直手当の算定方法はどうするのか、についても併せてご教示ください。

## A　断続的業務の許可あれば代休の義務ない

　労働基準法第41条では、「この章、第6章及び第6章の2で定める労働時間、休憩及び休日に関する規定は、次の各号の一に該当する労働者については適用しない」と定め「次の各号の一」の1つとして「監視又は断続的労働に従事する者で、使用者が行政官庁の許可を受けたもの」を掲げています。このうちの断続的労働の一態様として、「宿直又は日直の勤務で断続的な業務」（労働基準法施行規則第23条）があるわけです。

ご質問の宿日直勤務の許可要件の一般的原則は「常態として、ほとんど労働をする必要のない勤務のみを認めるものであり……」を前提し、①原則として通常の労働の継続は許可せず、定期的巡視、緊急の文書または電話の収受、非常事態発生に備えての待機等を目的とするものに限って許可すること、②宿直日直とも相当の手当の支給、宿直については相当の睡眠設備の設置を条件として許可すること（昭22・9・13 発基第17号、昭63・3・14 発基第150号）、また「宿直及び日直勤務は、一定期間における勤務回数が頻繁にわたるものについては許可を与えないようにされたい」（昭23・1・13 基発第33号）などとしています。

　次に、労働基準監督署長の許可を得た日直勤務に就かせた場合、その勤務者に代休を与えるべきかということですが、すでに述べましたように宿日直の勤務については労働時間、休日、休憩などの規定の適用は免除されていますから、休日勤務者に対しては代休を与える必要はありません。しかし、日直勤務者にとっては労働密度が疎であるとはいっても、所定時間拘束されることは事実ですので、「宿直勤務については週1回、日直勤務については月1回を限度とすること」（昭22・9・13 発基第17号、昭63・3・14 基発第150号）と、回数についての制限がありますから、注意が必要でしょう。

　なお、宿日直は行政解釈に示された許可要件を満たしていたとしても、労働基準監督署長の許可がなければ認められないわけですから、許可のない日直勤務は休日労働と解されて、休日

労働に関する労使協定及び割増賃金の支払いなどが必要とされるのはもちろんです。また、ご質問後段の日直手当については、その1回の最低額が「当該事業場において宿直又は日直に就くことの予定されている同種の労働者に対して支払われている賃金の1人1日平均額の3分の1を下らないものであること」とされています（昭22・9・13 発基第17号、昭63・3・14 基発第150号）。

## 一昼夜交替勤務でも１時間の休憩でよいか

**Q61** 　一昼夜交替勤務者の休憩について、おたずねします。当社は駐車場を営んでいる関係から、一部の従業員を一昼夜交替で隔日勤務体制をとっています。

　こうした勤務に就く者に対する休憩はどう考えればよいのでしょうか。労働基準法は、労働時間が８時間を超える場合においては少なくとも１時間の休憩を与えることを義務付けていますが、この場合、当社の休憩は１時間で足りますか、それとも２時間必要でしょうか。

$$\cdots\cdots\cdots\cdots\cdots\cdots\cdots\cdots\cdots\cdots\cdots\cdots\cdots\cdots\cdots\cdots\cdots\cdots$$

## A　１時間でよいが労務管理上必要時間を与えるべき

　ご質問の一昼夜交替勤務に就く場合でも、労働基準法第34条の規定の適用は排除されません。すなわち、同条は労働時間が８時間を超える場合は１時間の休憩時間をその途中で与えることを義務付けており、ご質問の場合、最低１時間の休憩時間が必要です。

　つまり、一昼夜勤務は暦日でみると２日にわたりますが、第34条の規定は１日の労働時間に対する休憩として規定されているため一昼夜交替勤務の場合でも第34条どおりの休憩で足りるのか、というのがご質問の趣旨ではないかと思われます。しかし、一昼夜勤務のような継続勤務は、たとえ暦日を異にする場

合でも、一勤務として取り扱うことになり「一昼夜交替制においても法律上は、労働時間の途中において法第34条第1項の休憩を与えればよい」（昭23・5・10 基収第1582号）ということになります。

しかし、当然食事の時間も必要ですし、作業能率や疲労からくる安全衛生上の配慮も欠かせませんから、必要に応じて随時休憩時間を設けるべきでしょう。

また、一昼夜交替勤務に就く者に対しては休憩時間の確保のみならず、健康保持の観点から睡眠のための配慮も必要です。

「新版　労働基準法実務問答　第2集」
執筆者一覧

岡村　光男（弁護士／岡村法律事務所）

小川　和晃（弁護士／レクスペラ法律事務所）

新　　弘江（弁護士／光樹法律会計事務所）

外井　浩志（弁護士／外井（TOI）・鹿野法律事務所）

平井　　彩（弁護士／石嵜・山中総合法律事務所）

山口　　毅（弁護士／石嵜・山中総合法律事務所）

（五十音順。所属は令和3年5月現在のもの）

**新版 労働基準法実務問答 第2集**
〜労働時間と在宅勤務(テレワーク)Q&A〜

令和3年5月25日　初版発行

編　者　労働調査会出版局
発行人　藤澤　直明
発行所　労働調査会
〒170-0004 東京都豊島区北大塚2-4-5
TEL　03-3915-6401
FAX　03-3918-8618
http://www.chosakai.co.jp/

ISBN978-4-86319-848-7　C2032